Bitcoin

Il Futuro del Denaro e la Finanza Decentralizzata Demistificata

Alessandro Rossi

Indice

INTRODUZIONE

Benvenuti a "Bitcoin: Il Futuro del Denaro e la Finanza Decentralizzata Demistificata". Questo e-book porta i lettori in una profonda esplorazione del mondo rivoluzionario delle valute digitali e della finanza decentralizzata (DeFi), con un focus su Bitcoin, il più noto e significativo di tutti.

Una rivoluzione finanziaria che è iniziata con l'invenzione di Bitcoin nel 2009 sta ancora influenzando ogni aspetto dell'economia mondiale. Bitcoin ha posto una sfida alle istituzioni finanziarie consolidate, ha scatenato un'intensa discussione tra economisti, investitori, responsabili delle politiche e persone comuni, ed è nato dalla crisi finanziaria globale e motivato da un desiderio di un sistema finanziario più trasparente, decentralizzato ed equo. Tuttavia, molte persone ancora non capiscono Bitcoin nonostante la sua popolarità.

Studiando la storia di Bitcoin, la tecnologia sottostante e il suo posto nel campo in espansione della finanza decentralizzata, questo e-book mira a demistificarlo. È destinato a educare sia le persone che non sono familiari con il soggetto sia coloro che cercano una migliore comprensione di questi concetti difficili. Dovreste comprendere appieno Bitcoin e le possibilità rivoluzionarie della finanza decentralizzata una volta terminato questo e-book.

Inizieremo esaminando lo sviluppo del denaro nel corso della storia, dalle materie prime fisiche alle valute digitali. Questo viaggio storico ci fornirà un importante contesto per comprendere l'importanza e la necessità di Bitcoin. Successivamente, approfondiremo il funzionamento interno di Bitcoin, esaminando questioni come la tecnologia blockchain, il mining, le transazioni e cosa rende Bitcoin prezioso.

Esploreremo quindi il mondo della finanza decentralizzata, con le sue idee sottostanti, i principali attori e il potenziale per trasformare il nostro sistema finanziario spiegato. Parleremo di come Bitcoin si inserisce nella DeFi e guarderemo alle implicazioni più ampie per gli investitori e l'economia mondiale nel complesso.

Questo e-book non è solo un manuale; è anche un invito a partecipare a un punto di svolta della storia finanziaria. Non c'è mai stato un momento più cruciale per comprendere Bitcoin e la sua capacità di influenzare il nostro destino finanziario rispetto adesso, mentre ci troviamo sul precipizio di una nuova era della finanza decentralizzata.

Quindi, intraprendiamo insieme questo viaggio nel cuore di Bitcoin e della finanza decentralizzata, che tu sia un osservatore attento, un investitore aspirante o un professionista navigato.

CAPITOLO I

La Nascita del Denaro

Storia del Denaro

L'evoluzione del denaro nel corso della storia è una storia affascinante dello sviluppo sociale, mostrando come siamo passati dalle prime società alle moderne società internazionalmente interconnesse in cui viviamo oggi. Questo viaggio illustra come gli esseri umani abbiano costantemente cercato modi per rendere il commercio e l'attività economica più convenienti, evolvendo dai sistemi di baratto alle moderne valute digitali.

Il sistema di baratto, che precede l'inizio della storia scritta, è stato il fondamento del nostro sistema finanziario. Le comunità si impegnavano nello scambio diretto di beni e servizi. Sebbene diretto, questo metodo ha i suoi svantaggi. La "doppia coincidenza delle volontà" era il più significativo. Questo significa che affinché uno scambio sia efficace, entrambe le parti devono essere contemporaneamente interessate a ciò che l'altra aveva da offrire. Il commercio era incredibilmente inefficiente e limitato dalla mancanza di una misura comune di valore. A causa di queste inefficienze sistemiche, è emerso il denaro di merce come soluzione al problema.

Il baratto è stato un passo logico verso il denaro di merce. Coinvolgeva l'uso di oggetti tangibili che erano valorizzati da tutti. Oro prezioso, animali, cibo e persino conchiglie erano le merci più utilizzate. Il valore intrinseco del prodotto stesso era la fonte del valore del denaro. Tuttavia, il denaro di merce era ostacolato da problemi come la divisibilità, lo stoccaggio e la variazione di qualità, il che ha portato alla creazione di denaro rappresentativo.

Le sfide nel trasporto e nel possesso del denaro di merce hanno dato origine al denaro rappresentativo. Con questo sistema, una quantità fissa di una merce (come oro o argento) era rappresentata da token fisici che venivano emessi frequentemente come monete o banconote di carta e conservati in una banca o in una cassaforte. Questa strategia ha reso possibile il commercio senza la necessità di spostare merci grandi o pesanti. Lo standard aureo, che ha sostenuto numerose valute internazionali fino al XX secolo, è uno dei casi più noti di denaro rappresentativo.

Il denaro fiat ha sostituito significativamente il denaro rappresentativo durante il XX secolo. Il denaro fiat è denaro che è stato legalizzato dal governo ma non è supportato da alcuna merce fisica. Invece, la stabilità del governo emittente e il rapporto tra domanda e offerta determinano il valore del denaro fiat. Il principale vantaggio del denaro fiat è che dà ai governi maggior controllo sulla quantità di denaro in circolazione, consentendo loro di controllare meglio fenomeni economici come l'inflazione e la deflazione.

La crescita delle transazioni elettroniche durante la seconda metà del XX secolo è stata notevole. Lo sviluppo delle carte di credito e l'uso crescente dei sistemi bancari digitali hanno rivoluzionato il modo in cui viene trasferito il denaro, rendendolo più veloce, più efficace e più senza confini. Tuttavia, questo sviluppo ha cambiato il modo in cui accediamo e utilizziamo il denaro, non la natura del denaro. Il credito è ancora denaro fiat mantenuto in un conto bancario anche se è digitale.

Lo sviluppo delle criptovalute, tra cui Bitcoin, è la fase più recente dell'evoluzione del denaro. Dopo la crisi finanziaria globale, Bitcoin è stato introdotto nel 2009, sfidando i sistemi finanziari consolidati fornendo una valuta decentralizzata che non era controllata da un'unica entità. La tecnologia blockchain ha permesso lo sviluppo di Bitcoin e di altre criptovalute che sono seguite.

Un nuovo capitolo nella storia del denaro è iniziato con l'emergere delle criptovalute, che mostrano la fattibilità di un sistema monetario mondiale libero dal controllo governativo e dalle istituzioni finanziarie consolidate. Sebbene gli effetti completi di questa rivoluzione digitale siano ancora sconosciuti, il tasso di cambiamento suggerisce che la storia del denaro sia ancora in fase di sviluppo.

Tracciare lo sviluppo del denaro non è solo un'esplorazione della storia economica; è anche un riflesso dell'avanzamento della civiltà umana. Ogni fase dell'evoluzione del denaro, dall'uso agevole del baratto alla complessità delle moderne valute digitali, è stata motivata dall'impulso di far avanzare il commercio, stimolare l'attività economica e migliorare alla fine la vita umana. Con l'emergere delle criptovalute e della finanza decentralizzata, siamo sull'orlo di un'era potenzialmente trasformativa. Si può solo speculare su quali possano essere i capitoli rimanenti di questa storia.

Friedrich Nietzsche una volta disse: "Tutto diventa e ricorre eternamente - l'evasione è impossibile!" In questo senso, potrebbe implicare che lo sviluppo del denaro potrebbe tornare indietro su se stesso, portando a una versione contemporanea del sistema di baratto negli scambi di asset digitali che osserviamo oggi. Alla luce di questo, potrebbe essere più realistico pensare alla storia del denaro come a un viaggio a spirale piuttosto che a una linea retta, uno che è sempre in evoluzione ma che riflette ancora le sue radici.

L'Evolutione dal Baratto alle Transazioni Digitali

Acquisire una comprensione dell'evoluzione delle transazioni è essenziale per comprendere il corso della civiltà umana. I nostri sistemi socio-economici si basano sull'interscambio di beni e servizi, che plasmano le norme della società, lo sviluppo tecnologico e le dinamiche culturali. In questa sezione, viaggeremo attraverso la storia, dai primi sistemi di baratto fino agli scambi digitali più avanzati del presente, evidenziando i cambiamenti sociali, tecnologici ed economici che hanno plasmato i nostri sistemi di scambio.

Il sistema di baratto, comune nelle antiche comunità, dipendeva dal commercio diretto non standardizzato di beni e servizi. Oggetti di valore equivalente riconosciuto, come bestiame, cereali, utensili o lavoro, venivano scambiati nelle comunità antiche. All'interno di società piccole, isolate con una gamma limitata di bisogni e solidi legami interpersonali, questo sistema ha raggiunto il suo scopo. Tuttavia, le inefficienze inherentii del sistema di baratto emersero man mano che le società crescevano.

La necessità di una doppia coincidenza delle volontà, in cui ogni parte desiderava ciò che l'altra aveva da offrire, era il principale problema del sistema di baratto. Questa necessità spesso risultava in negoziazioni difficili e accordi bloccati. L'incapacità di confrontare equamente diversi articoli era causata dalla mancanza di un'unità di misura comune del valore. Inoltre, l'indivisibilità di alcuni prodotti (come gli animali) presentava un serio ostacolo. Queste restrizioni hanno portato allo sviluppo del denaro di merce, una forma di denaro più standardizzata e ampiamente accettata.

Le transazioni sono state più produttive grazie alla misura standard di valore fornita dal denaro di merce. Metalli preziosi, sale e animali, il cui valore intrinseco era universalmente riconosciuto, erano merci comuni utilizzate come denaro. Questo concetto semplificava il commercio e eliminava la necessità che due desideri coincidessero.

Tuttavia, il denaro di merce aveva alcuni svantaggi. Il suo valore era inversamente correlato ai cambiamenti nell'offerta e nella domanda della merce, il che portava a prezzi volatili. Inoltre, problemi logistici come la deperibilità, lo stoccaggio e il trasporto presentavano difficoltà. Inoltre, non tutti gli articoli erano durevoli o divisibili. Queste sfide hanno accelerato il passaggio al denaro rappresentativo.

Il denaro rappresentativo era un avanzamento che consentiva alle persone di scambiare senza scambiare direttamente oggetti preziosi. In questo sistema, monete o banconote venivano prodotte per simboleggiare una certa quantità di una merce, come oro o argento, conservata in una cassaforte o in una banca. Lo standard aureo, in cui il valore di una valuta era fissato in termini di oro, è il sistema rappresentativo più rinomato.

Questo metodo ha alleviato notevolmente i problemi con il denaro di merce. Per amministrare le riserve e produrre monete o stampare banconote, era necessaria un'autorità centrale, ma questo requisito sollevava problemi di fiducia e di governance. L'inflessibilità del denaro rappresentativo ha iniziato a presentare problemi man mano che le società ed economie diventavano più complesse, il che ha spinto allo sviluppo del denaro fiat.

Il denaro fiat è denaro che è stato legalizzato dal governo ma non è supportato da alcuna merce fisica. Il legame tra domanda e offerta, così come la stabilità del governo che emette la valuta, determinano il valore del denaro fiat. Controllando l'offerta di denaro, consente ai governi di esercitare un controllo significativo sull'economia.

Tuttavia, il denaro fiat dipende dal fatto che le persone abbiano fiducia e fiducia nella banca centrale o nel governo che emette il denaro. Quando c'è instabilità nell'economia, inflazione o turbolenze politiche, questa fiducia viene messa alla prova. Le transazioni hanno cominciato a spostarsi lontano dal contante reale man mano che la tecnologia si sviluppava e le culture si collegavano sempre di più, aprendo la strada alle transazioni digitali.

Nella seconda metà del XX secolo si è osservato un significativo trend verso le transazioni digitali. Il denaro è diventato sempre più virtuale con l'avvento delle carte di credito e di debito, dei trasferimenti di denaro elettronici e del banking online diventati comuni.

A seguito dello sviluppo del mobile banking, del commercio elettronico, dei portafogli digitali e dei pagamenti senza contatto, le transazioni digitali ora predominano. Il ritmo e il volume dell'attività economica globale sono drasticamente aumentati grazie alle infrastrutture avanzate che le aziende tecnologiche e le istituzioni finanziarie hanno costruito per supportare transazioni rapide e sicure.

L'emergere delle criptovalute, un tipo di valuta digitale o virtuale che sfrutta la crittografia per la protezione, è la fase più recente in questo processo evolutivo. La blockchain è una tecnologia decentralizzata utilizzata dalle criptovalute come Bitcoin che è distribuita su molti computer e opera indipendentemente da una banca centrale. La tecnologia blockchain organizza e registra le transazioni.

Con la capacità di condurre transazioni peer-to-peer senza l'intervento di intermediari, le criptovalute rappresentano un cambiamento fondamentale nel modo in cui pensiamo e usiamo il denaro. Hanno anche il potenziale per una maggiore trasparenza e una riduzione della corruzione.

Il passaggio dal baratto alle transazioni digitali mostra quanto gli esseri umani siano stati inventivi e adattabili lungo tutta la storia. Sottolinea il nostro costante perseguimento di economia, sicurezza e inclusività nelle nostre interazioni economiche e transazioni. Le caratteristiche del denaro cambieranno man mano che l'età digitale progredisce, influenzate dai nuovi sviluppi tecnologici e dalle mutevoli esigenze della società. L'evoluzione delle transazioni riflette i nostri mutamenti concetti di valore, fiducia e scambio e funge da monumento alla nostra capacità di innovare, adattare e trasformare i sistemi socioeconomici.

Introduzione alle Criptovalute

Dall'introduzione di Bitcoin nel 2009, le criptovalute—l'incarnazione dell'evoluzione finanziaria—hanno fatto passi significativi avanti. Forniscono opportunità finanziarie e difficoltà precedentemente impensabili e costituiscono un cambiamento fondamentale rispetto alle valute fiat convenzionali. In questa sezione, verranno esaminate le caratteristiche di base delle criptovalute insieme ai loro vantaggi, svantaggi e agli effetti prospettici sul sistema finanziario globale.

Bitcoin è stata la prima criptovaluta, sviluppata da una persona non identificata nota come Satoshi Nakamoto. In mezzo alla crisi finanziaria del 2008, Bitcoin è stato sviluppato con l'obiettivo di costruire una moneta digitale decentralizzata e non governata.

Al suo cuore, la tecnologia blockchain alimenta Bitcoin e altre criptovalute. Una blockchain è una rete globale di computer che funge da registro decentralizzato per tutti i dati delle transazioni, rendendo tutte le transazioni trasparenti e irreversibili. Le caratteristiche di base che distinguono le criptovalute dalle valute convenzionali sono la loro trasparenza e decentralizzazione.

Le valute digitali o virtuali che utilizzano la crittografia per la sicurezza sono note come criptovalute. Le criptovalute, a differenza del denaro fiat emesso dai governi, sono decentralizzate e spesso operano su un sistema chiamato blockchain. Forniscono un modo innovativo di gestire le finanze che si distingue per grande sicurezza, riservatezza e controllo. Oggi, ci sono più di 5.000 diverse criptovalute, ognuna con le proprie caratteristiche e applicazioni speciali, tra cui Ethereum, Ripple e Litecoin.

Ci sono diversi possibili vantaggi delle criptovalute. Forniscono un sistema finanziario democratico e decentralizzato che riduce la dipendenza dalle entità governative e bancarie. Da questa decentralizzazione potrebbe derivare un sistema finanziario globale più inclusivo in cui le persone controllano direttamente il proprio denaro. Un altro importante beneficio potenziale è la riduzione dei costi delle transazioni. Senza la necessità di intermediari come banche o processori di pagamento, le criptovalute possono facilitare pagamenti internazionali più convenienti e rapidi. Inoltre, le criptovalute offrono un livello di privacy che è raro nei sistemi bancari convenzionali. Anche se le transazioni sulla blockchain sono trasparenti, le identità delle parti coinvolte sono nascoste, garantendo ai consumatori una certa misura di privacy.

Nonostante il loro potenziale, ci sono diversi problemi e difficoltà legate alle criptovalute. L'incertezza dei regolamenti è uno dei maggiori ostacoli. A causa della loro natura decentralizzata, le criptovalute sono state regolate da una serie di leggi in molti paesi, o da nessuna. Il loro utilizzo in attività illegali è un problema serio. Le criptovalute sono diventate una forma popolare di scambio per attività illecite come il riciclaggio di denaro e la vendita di articoli illegali grazie all'anonimato che forniscono.

Un'altra preoccupazione importante è la volatilità del mercato. I prezzi delle criptovalute possono fluttuare drasticamente nel giro di brevi periodi di tempo. Questa volatilità può causare significative perdite finanziarie per i trader e gli investitori. Infine, la natura tecnica delle criptovalute crea il rischio di perdita. Un utente potrebbe non essere in grado di recuperare l'accesso ai propri asset di criptovaluta se perde il controllo delle proprie chiavi crittografiche, cosa paragonabile a perdere un PIN o una password.

Il futuro delle criptovalute è un argomento molto dibattuto. Secondo i sostenitori, hanno la capacità di trasformare completamente il sistema finanziario, rendendolo più efficiente, inclusivo e equo. Immaginano un momento in cui le criptovalute sono accettate come un metodo di pagamento comune e la tecnologia blockchain sottostante che le alimenta è ampiamente utilizzata per la sua sicurezza e trasparenza in una serie di attività commerciali. D'altra parte, gli scettici avvertono che a causa della loro volatilità e della mancanza di controllo, le criptovalute potrebbero causare instabilità economica. Sollevano anche preoccupazioni su come possano facilitare l'attività illecita.

Un notevole sviluppo nel nostro sistema finanziario sono le criptovalute. La loro struttura decentralizzata offre un'alternativa interessante ai sistemi bancari convenzionali, così come la possibilità di elevata sicurezza, transazioni veloci e anonimato. Tuttavia, questi potenziali vantaggi comportano anche notevoli rischi e difficoltà che devono essere affrontati. Comprendere i meccanismi, i vantaggi e i rischi delle criptovalute è cruciale mentre ci troviamo al punto di svolta di questa rivoluzione finanziaria digitale. Le criptovalute, con tutto il loro potenziale e complessità, probabilmente giocheranno un ruolo sempre più significativo man mano che i nostri sistemi finanziari continueranno a svilupparsi.

CAPITOLO II

Comprendere Bitcoin

La Genesi di Bitcoin

Ci sono state poche innovazioni negli annali della storia finanziaria che siano state così disruptive e trasformative come Bitcoin. Bitcoin è stata la prima criptovaluta di successo mai creata, e la sua creazione ha segnato un cambiamento di paradigma nei sistemi monetari del mondo. Questo cambiamento ha aperto la strada a una nuova era di finanza digitale decentralizzata. Questa sezione esamina le origini e lo sviluppo di Bitcoin, compreso tutto, dalle sue fondamenta filosofiche al suo utilizzo tecnico.

Le origini di Bitcoin possono essere rintracciate nel movimento Cypherpunk della fine del ventesimo secolo. Gli sostenitori dell'uso della crittografia come strumento per la trasformazione sociale e politica erano conosciuti come cypherpunk. Consideravano le valute digitali decentralizzate come un modo per difendere questo diritto in un ambiente sempre più digitale e credevano che la privacy fosse un diritto umano fondamentale. Iniziative di valuta digitale come il DigiCash di David Chaum e il b-money di Wei Dai furono realizzate negli anni '90, ma non ottennero un'adozione diffusa. Il "problema della doppia spesa", in cui un utente poteva spendere la stessa moneta virtuale più di una volta, era il principale ostacolo. Un'entità (o entità) correlata a Satoshi Nakamoto avrebbe offerto la soluzione a questo problema.

Pubblicato nell'ottobre 2008 sotto lo pseudonimo di Satoshi Nakamoto, un whitepaper intitolato "Bitcoin: Un sistema di contanti elettronici peer-to-peer" è stato scritto da una persona o gruppo sconosciuto. Il whitepaper descriveva un meccanismo per una valuta digitale decentralizzata chiamata Bitcoin che utilizzava la tecnologia blockchain per risolvere il problema della doppia spesa. Il design di Bitcoin era rivoluzionario perché forniva un modo per effettuare transazioni senza bisogno di una banca o di altre autorità affidabili. Suggeriva un sistema in cui le transazioni sarebbero state registrate su un registro distribuito (blockchain) e convalidate dagli utenti della rete (miner), garantendo trasparenza, sicurezza e immutabilità.

Il 3 gennaio 2009, Nakamoto minò il Blocco Genesi, anche conosciuto come Blocco 0, lanciando la rete Bitcoin. Questo primo blocco contiene il messaggio criptico "The Times 03/Jan/2009 Chancellor on brink of second bailout for banks." Questa dichiarazione, che citava un titolo del The Times, fu interpretata come una critica all'instabilità del sistema bancario consolidato. Si prevedeva una quantità massima di 21 milioni di monete. Potenti computer competono per risolvere problemi matematici difficili per controllare l'offerta attraverso un processo noto come mining. Il vincitore aggiunge un nuovo blocco alla blockchain e viene ricompensato con una quantità fissa di bitcoin. Il linguaggio fa riferimento al processo di simulazione dell'estrazione di metalli preziosi.

Bitcoin era virtualmente sconosciuto al pubblico nei suoi primi anni e veniva utilizzato principalmente da appassionati di computer. Quando un programmatore di nome Laszlo Hanyecz pagò 10.000 bitcoin per due pizze nel maggio 2010, quella fu la prima nota utilizzo commerciale di Bitcoin. Ma man mano che le persone ne divennero più consapevoli, Bitcoin iniziò a guadagnare appeal. Entro il 2013, aveva aumentato la consapevolezza delle criptovalute e delle tecnologie blockchain su scala globale. Il valore di Bitcoin esplose, e iniziò ad essere visto più come un possibile asset finanziario che come una semplice tipologia di valuta digitale. Le indagini regolamentari, l'estrema fluttuazione dei prezzi e le preoccupazioni riguardanti il suo utilizzo in attività illegali sono solo alcune delle notevoli difficoltà che Bitcoin ha incontrato (e continua a incontrare) nonostante la sua crescente popolarità.

Gavin Andresen, un membro della comunità Bitcoin, assunse il controllo del progetto da Nakamoto nel dicembre 2010. Dopo questo, il ruolo di Nakamoto nel progetto giunse al termine, e fino ad oggi, l'identità del creatore della criptovaluta rimane un mistero.

Con l'invenzione di Bitcoin è iniziata una nuova era nella banca digitale. La sua innovativa tecnologia blockchain e l'organizzazione decentralizzata rappresentavano una minaccia per i sistemi finanziari consolidati e avevano scatenato una discussione globale sulla natura del denaro. Nonostante la sua controversa reputazione e una serie di difficoltà, Bitcoin ha scatenato un movimento globale per le criptovalute e potrebbe aver tracciato la strada per il futuro dell'industria finanziaria. L'importanza dell'origine di Bitcoin sta diventando sempre più evidente mentre il ventunesimo secolo avanza; non è stato solo l'inizio di una nuova valuta, ma anche dell'inizio di una rivoluzione tecnologica e finanziaria innovativa.

Comprendere la Tecnologia Blockchain

La tecnologia blockchain è emersa come una forza disruptiva che sta sfidando i sistemi consolidati e ridefinendo cosa significa fiducia e trasparenza. Le sue applicazioni si estendono su molte altre industrie, aprendo nuove opzioni per la registrazione sicura, decentralizzata e immutabile dei dati. Questa sezione approfondisce le complessità della tecnologia blockchain, esaminando le sue idee di base, gli elementi, i vantaggi, gli svantaggi e i potenziali effetti a lungo termine.

Al suo cuore, la blockchain è un registro distribuito che tiene traccia di una collezione in continua espansione di dati chiamati blocchi che sono collegati in una catena. Questo sistema decentralizzato garantisce che nessuna singola parte abbia autorità sull'intera rete e fornisce resilienza all'alterazione. Invece, numerosi partecipanti, noti come nodi, utilizzano un meccanismo di consenso per convalidare e verificare le transazioni.

Il funzionamento della tecnologia blockchain dipende da diversi componenti e procedure essenziali. La rete riceve trasmissioni di transazioni, che vengono quindi raccolte e organizzate in blocchi. Per aggiungere un nuovo blocco alla catena, i minatori, gli individui responsabili del mantenimento della blockchain, competono per trovare soluzioni a rompicapi matematici impegnativi. Quando un blocco viene aggiunto, la rete lo propaga, con ogni utente che aggiorna la propria copia della blockchain.

I meccanismi di consenso, come il Proof of Work (PoW) o il Proof of Stake (PoS), sono essenziali per preservare l'accordo dei partecipanti. Il PoS distribuisce il potere di mining in base alle partecipazioni dei membri nella rete, mentre il PoW obbliga i minatori a risolvere rompicapi computazionalmente impegnativi.

Rispetto ai metodi di registrazione convenzionali, la tecnologia blockchain si differenzia da essi in diversi modi importanti. La blockchain è prima di tutto decentralizzata, garantendo che nessuna singola entità ne abbia autorità e favorisce una rete democratica e robusta. La sua immutabilità fornisce un elevato livello di integrità dei dati, rendendolo quasi impossibile cambiare o rimuovere i dati dopo che sono stati inseriti nella blockchain. Inoltre, l'apertura della blockchain consente a tutte le transazioni di essere visibili ai partecipanti, migliorando la responsabilità e promuovendo la fiducia. Last but not least, i meccanismi di sicurezza basati su crittografia della blockchain rendono difficile per gli attori malevoli modificare i dati.

Il potenziale della blockchain va ben oltre le transazioni finanziarie. Numerosi settori ne stanno esplorando le possibilità dopo aver capito quanto trasformativa possa essere. La blockchain può migliorare la trasparenza e la tracciabilità nella gestione della catena di approvvigionamento, consentendo ai clienti di seguire il percorso di un prodotto dal suo origine alla sua destinazione finale. La blockchain può accelerare procedure come i reclami assicurativi e i trial clinici, garantire la sicurezza dei dati dei pazienti e promuovere l'interoperabilità dei dati nel settore sanitario. La sicurezza e l'equità delle elezioni possono essere migliorate con l'uso di tecnologie di voto basate su blockchain. I contratti intelligenti rendono possibile accordi automatizzati e a prova di manomissione, eliminando la necessità di intermediari in una varietà di settori. Inoltre, la blockchain può offrire identità digitali sicure, semplificando le procedure di verifica dell'identità mentre protegge dati personali sensibili.

Nonostante il suo potenziale, ci sono una serie di problemi e limitazioni con la tecnologia blockchain. La struttura decentralizzata della tecnologia potrebbe portare a velocità di elaborazione delle transazioni più lente, quindi la scalabilità è ancora una sfida importante. Le preoccupazioni sulla sostenibilità sono sollevate dai requisiti energetici delle tecniche di consenso proof-of-work. L'ambiente legale e regolamentare che circonda la blockchain è in continua evoluzione, il che ha un impatto sulla sua adozione e utilizzo. Perché la tecnologia blockchain sia ampiamente utilizzata, è cruciale che più reti blockchain possano comunicare tra loro perché i sistemi isolati limitano il potenziale della tecnologia.

Le potenziali applicazioni della tecnologia blockchain sono illimitate e rivoluzionarie. La tecnologia ha la capacità di trasformare intere industrie, promuovere l'inclusione economica e alterare radicalmente il modo in cui comunicamo e facciamo affari mentre si sviluppa e supera i suoi ostacoli. Potrebbe incoraggiare la trasparenza e la fiducia in vari settori, dando alle persone più controllo sui loro dati e i loro asset.

Una significativa trasformazione nel modo in cui pensiamo alla fiducia, alla trasparenza e alla registrazione è stata portata dalla tecnologia blockchain. Poiché è decentralizzata, immutabile e trasparente, ha la capacità di trasformare le operazioni aziendali, interrompere intere industrie e dare alle persone livelli di potere senza precedenti. Il futuro della tecnologia, delle finanze e delle relazioni sociali sarà senza dubbio influenzato dalla blockchain mentre si sviluppa e trova nuove applicazioni.

Come Funziona Bitcoin

La prima valuta digitale decentralizzata al mondo, il Bitcoin, ha catturato l'interesse di persone, aziende e governi di tutto il mondo. Comprendere l'influenza trasformativa del Bitcoin sulle finanze e le più ampie implicazioni della tecnologia blockchain è essenziale per comprendere il suo funzionamento. La complessità del Bitcoin viene esaminata in questa sezione, insieme ai suoi principi guida, ai metodi transazionali, alle misure di sicurezza e al ruolo dei minatori nel preservare l'integrità della rete.

Le idee rivoluzionarie che Satoshi Nakamoto, o chiunque abbia inventato il Bitcoin sotto il suo pseudonimo, hanno introdotto formano la base della valuta digitale. La blockchain, la sicurezza crittografica e la decentralizzazione sono i tre principali elementi costitutivi del Bitcoin.

La natura decentralizzata del Bitcoin è fondamentale per la sua struttura. I sistemi monetari tradizionali si basano su un'autorità centralizzata per autenticare e tenere traccia delle transazioni, come banche o governi. Al contrario, invece di richiedere intermediari, il Bitcoin consente agli utenti di trattare direttamente tra loro.

Il Bitcoin utilizza metodi crittografici per garantire la riservatezza e la sicurezza delle transazioni. Con l'uso della crittografia a chiave pubblica, gli utenti possono creare due chiavi crittografiche: una chiave pubblica disponibile a tutti e una chiave privata conosciuta solo a loro. Per garantire l'autenticità e l'integrità, le transazioni vengono firmate con una chiave privata e validate con una chiave pubblica corrispondente.

La blockchain, un registro distribuito che tiene traccia di tutte le transazioni, è al centro del Bitcoin. Una catena di blocchi, ciascuno contenente una serie di transazioni confermate, costituisce la blockchain. Ogni blocco forma una catena immutabile, con un identificatore esclusivo, un timestamp e un riferimento al blocco precedente.

Il valore viene trasferito da un utente a un altro durante una transazione di bitcoin. Raggruppando queste transazioni in blocchi e aggiungendoli alla blockchain viene creato un registro permanente. I tre passaggi principali del processo di transazione sono la generazione della transazione, la verifica della transazione e la conferma della transazione.

Il mittente costruisce un input che fa riferimento a Bitcoin non spesi da transazioni precedenti e specifica l'importo da consegnare per generare una transazione di Bitcoin. L'output specifica l'indirizzo Bitcoin del destinatario e l'importo associato da pagare. Utilizzando la propria chiave privata per firmare la transazione, il mittente si assicura che solo lui possa utilizzare gli input designati.

Una transazione viene trasmessa alla rete Bitcoin una volta creata. Gli utenti della rete, noti come minatori, competono tra loro per confermare e verificare le transazioni. Il mining è il processo attraverso il quale i minatori cercano soluzioni a difficili problemi matematici che soddisfano criteri predeterminati.

La rete viene informata di una soluzione una volta che è stata scoperta da un minatore. Per garantire l'autenticità della soluzione, più minatori la confermano. Il blocco viene aggiunto alla blockchain e le transazioni che contiene sono considerate confermate una volta che la maggioranza dei minatori ha raggiunto un accordo sulla soluzione. La sicurezza e l'immutabilità delle transazioni vengono ulteriormente migliorate con l'aggiunta di ogni nuovo blocco alla catena.

La stabilità della rete Bitcoin dipende crucialmente dagli sforzi dei minatori. Essi dedicano potenza computazionale alla soluzione di difficili puzzle matematici, rafforzando il processo di consenso e proteggendo la blockchain. I Bitcoin appena creati e le commissioni di transazione vengono aggiunte ai blocchi che i minatori di successo producono come compensazione per il loro lavoro.

Grazie alla sua natura decentralizzata e ai principi crittografici, Bitcoin è sicuro. Nessuna singola entità può gestire o controllare la rete a causa della sua struttura decentralizzata. I metodi crittografici utilizzati proteggono contro manipolazioni, falsificazioni e accessi illegali. Grazie all'immutabilità della blockchain, è quasi impossibile modificare o rimuovere transazioni che sono state già registrate.

Nonostante Bitcoin abbia dimostrato la sua resilienza e il suo potenziale, ci sono ancora problemi da risolvere prima che possa essere ampiamente utilizzato. Dato che la rete gestisce solo un certo numero di transazioni al secondo, la scalabilità è una sfida importante. Il Lightning Network è una soluzione che mira a risolvere questo problema e consentire transazioni più veloci e convenienti.

Bitcoin simboleggia un cambiamento di paradigma nella finanza perché è una forma decentralizzata di valuta. Il suo design innovativo, basato sulla decentralizzazione, la sicurezza crittografica e la blockchain, fornisce un sistema senza fiducia. Ciò elimina la necessità di intermediari e consente transazioni dirette tra individui. Comprendere il funzionamento di Bitcoin - dalla creazione e verifica delle transazioni alla funzione dei minatori - offre spunti sul suo potenziale trasformativo e apre la porta all'esplorazione di ulteriori utilizzi basati su blockchain. Man mano che Bitcoin si sviluppa e matura, la sua influenza sul sistema finanziario e sul mondo più ampio è destinata a aumentare, contribuendo a plasmare la direzione delle finanze digitali.

CAPITOLO III

Mining e Transazioni

Come Funziona il Mining di Bitcoin

La fondazione della prima valuta digitale decentralizzata al mondo, il mining di Bitcoin, è un processo complesso ed essenziale che mantiene la sicurezza e l'integrità della rete Bitcoin. Comprendere i meccanismi sottostanti che consentono la generazione e la verifica delle nuove transazioni richiede una conoscenza approfondita di come funziona il mining di Bitcoin. La complessità del mining di Bitcoin viene esaminata in questa sezione, insieme alla procedura, al ruolo dei miner, al meccanismo di consenso e alle sue implicazioni per il più ampio ecosistema delle criptovalute.

La produzione di nuovi Bitcoin e l'autenticazione delle transazioni sono le due funzioni principali del mining di

Bitcoin. Le persone che si dedicano al mining impiegano la loro potenza computazionale per risolvere problemi matematici complessi. In cambio, ricevono Bitcoin appena creati e commissioni di transazione. Questo procedimento incentiva i miner a contribuire alla sicurezza e alla stabilità della rete.

Il Proof of Work (PoW) è l'algoritmo di consenso utilizzato nel mining di Bitcoin. Una funzione hash è un puzzle matematico computazionalmente impegnativo che i miner devono risolvere per partecipare al PoW. La prova, nota anche come soluzione, deve soddisfare requisiti particolari stabiliti dalla rete. I miner offrono potenza di elaborazione alla rete, mantengono il consenso e proteggono la blockchain risolvendo questi puzzle.

Il mining di Bitcoin si basa fortemente sulle funzioni hash. Una funzione hash crea un output unico di lunghezza fissa a partire da un input, come i dati di transazione o un blocco. La funzione SHA-256 (Secure Hash Algorithm 256-bit) è utilizzata in Bitcoin. Il risultato dell'hashing dei dati di un blocco è un hash del blocco, che funge da identità unica del blocco. L'obiettivo dei miner è trovare un valore hash particolare che soddisfi i requisiti della rete.

Durante il processo di mining vengono creati nuovi blocchi e le transazioni vengono verificate. I miner raccolgono le transazioni non confermate della rete e le assemblano in blocchi. Quindi iniziano a cercare un valore hash che, quando aggiunto agli altri dati del blocco, produca un hash che soddisfi i requisiti prestabiliti. Questo implica ripetutamente l'hashing di vari input fino a trovare un hash valido, il che consuma molta potenza computazionale.

La rete Bitcoin modifica frequentemente la difficoltà del mining per mantenere un tasso costante di generazione dei blocchi. Il livello di difficoltà rappresenta lo sforzo computazionale necessario per trovare un hash affidabile.

La difficoltà aumenta man mano che più miner si uniscono alla rete per mantenere un flusso costante di nuovi blocchi. Al contrario, la difficoltà diminuisce se i miner lasciano la rete per evitare tempi di creazione dei blocchi eccessivamente lunghi.

I singoli miner di Bitcoin faticano a trovare blocchi validi e a raccogliere ricompense a causa della crescente difficoltà e concorrenza nel settore. I pool di mining offrono una soluzione consentendo ai miner di combinare la loro potenza computazionale e lavorare come una squadra. Combinando le risorse, i miner migliorano le loro probabilità di minare con successo i blocchi e ottenere una parte delle ricompense in base al loro contributo.

I Bitcoin vengono assegnati ai miner che riescono a creare nuovi blocchi. La ricompensa era inizialmente fissata a 50 Bitcoin per blocco. Tuttavia, la rete utilizza un meccanismo noto come "halving" per ridurre la quantità totale di Bitcoin. La ricompensa per blocco viene dimezzata circa ogni quattro anni. Attualmente, la ricompensa è di 6,25 Bitcoin per blocco. Le commissioni di transazione delle transazioni incluse nei blocchi creati dai miner vengono anch'esse pagate ai miner.

Oltre all'emissione di nuovi Bitcoin, gli effetti del mining si estendono ulteriormente. È essenziale per preservare la decentralizzazione e la sicurezza della rete. Confermando le transazioni e proteggendo il meccanismo di consenso, la potenza computazionale fornita dai miner protegge l'integrità della blockchain. In qualità di custodi, i miner proteggono la rete dalle frodi e mantengono la reputazione di affidabilità della rete.

Il notevole consumo di energia del mining di Bitcoin è una questione evidente. Le preoccupazioni riguardo alla sostenibilità a lungo termine e all'impatto ambientale del mining derivano dal considerevole consumo di elettricità richiesto dalla potenza computazionale necessaria per il mining. Soluzioni di mining a basso consumo energetico sono in fase di sviluppo, mentre il Proof of Stake (PoS) e altre procedure di consenso meno energivore vengono esaminate.

Il mining di Bitcoin è cambiato drasticamente nel tempo. All'inizio, i computer personali potevano gestirlo, ma con l'evoluzione della rete e la crescente complessità del mining, sono emersi hardware specializzati noti come ASIC (Application-Specific Integrated Circuits). Gli ASIC, creati appositamente per il mining di Bitcoin, offrono molta più potenza di elaborazione e aumentano la competitività tra i miner.

La fondazione della valuta digitale decentralizzata, il mining di Bitcoin, sostiene la sicurezza e l'affidabilità della rete. I miner dedicano potenza computazionale per risolvere complessi puzzle matematici, approvare transazioni e aggiungere nuovi blocchi alla blockchain tramite l'algoritmo di consenso Proof of Work. Comprendere le complessità del mining di Bitcoin mette in evidenza l'importanza dei miner nel preservare l'integrità della rete e lo stato dinamico delle tecnologie di mining. Il processo di mining, man mano che l'ecosistema delle criptovalute continua a evolversi, plasmerà il futuro delle valute basate su blockchain e del panorama finanziario più ampio.

Verifica delle Transazioni e Conservazione dei Registri

La verifica delle transazioni e la registrazione delle stesse sono la base di qualsiasi sistema finanziario, poiché garantiscono la correttezza, l'affidabilità e la trasparenza delle transazioni economiche. Nel mondo delle transazioni digitali, dove le reti decentralizzate sostituiscono gli intermediari tradizionali, il processo di verifica e registrazione delle transazioni assume una nuova dimensione. In questa sezione viene esaminata la complessità della verifica delle transazioni e della registrazione nell'era digitale. Vengono esplorati i meccanismi sottostanti, il ruolo degli algoritmi di consenso e le implicazioni per la sicurezza, la privacy e lo sviluppo dei sistemi finanziari.

La fase cruciale per garantire la legittimità e l'autenticità delle transazioni digitali è la verifica delle transazioni. Impedendo il doppio utilizzo di uno stesso asset digitale in transazioni ripetute, si garantisce che i partecipanti possano avere fiducia nella correttezza delle loro transazioni. Le transazioni vengono verificate per costruire la fiducia dei partecipanti e mantenere l'integrità del sistema.

Gli algoritmi di consenso sono essenziali per la verifica delle transazioni e la registrazione nei sistemi digitali decentralizzati. Gli algoritmi di consenso permettono agli utenti della rete di concordare lo stato del sistema e determinare se una transazione è genuina. Oggi esistono molti diversi algoritmi di consenso, ciascuno con una strategia unica per raggiungere il consenso e mantenere la sicurezza della rete.

Il processo di consenso Proof of Work (PoW) di Bitcoin obbliga gli utenti, chiamati "miner", a risolvere puzzle matematici computazionalmente impegnativi. La rete è sicura e la verifica delle transazioni è facilitata dai miner, che dedicano potenza computazionale e competono per trovare la soluzione migliore. La catena valida più lunga è scelta dalla maggioranza dei partecipanti e il consenso si forma quando il primo miner a identificare una soluzione aggiunge un nuovo blocco di transazioni confermate alla blockchain.

Un processo di consenso alternativo chiamato Proof of Stake (PoS) sceglie i validatori in base alla loro quota o possesso della criptovaluta nativa. In base alla loro quota nella rete, i validatori sono selezionati per costruire nuovi blocchi e validare le transazioni. Gli algoritmi PoS mirano a essere più scalabili e a consumare meno energia rispetto agli algoritmi PoW. Le penalità finanziarie in caso di comportamento malevolo incentivano gli utenti a proteggere l'integrità della rete.

La blockchain, un registro distribuito che mantiene un record cronologico e immutabile di tutte le transazioni, facilita la registrazione delle transazioni nei sistemi digitali. Una catena di blocchi, ciascuno contenente un insieme di transazioni confermate, costituisce la blockchain. L'integrità e la trasparenza del sistema sono assicurate una volta che un blocco è aggiunto alla blockchain, rendendo molto difficile modificare o manomettere le transazioni registrate.

La tecnologia blockchain può essere utilizzata in contesti sia pubblici che privati. Chiunque può partecipare e verificare le transazioni su blockchain pubbliche come Bitcoin ed Ethereum. A causa della struttura decentralizzata della rete, esse offrono trasparenza e sicurezza. Al contrario, le blockchain private sono accessibili solo a un numero limitato di utenti e offrono un maggiore livello di privacy e controllo sulla rete. Le blockchain private sono frequentemente utilizzate in contesti aziendali dove è importante mantenere la riservatezza.

Nei sistemi digitali, ci sono diverse sfide e fattori da considerare quando si verifica le transazioni e si registrano i record. La scalabilità è una preoccupazione principale, poiché il metodo di consenso o il design del sistema possono limitare il numero di transazioni che possono essere completate al secondo. Poiché è necessario trovare un equilibrio tra la protezione delle informazioni sensibili e il mantenimento dell'audibilità delle transazioni digitali, anche l'equilibrio tra privacy e trasparenza deve essere gestito con attenzione.

I sistemi finanziari potrebbero subire una rivoluzione con l'introduzione delle transazioni digitali e della tecnologia sottostante per la registrazione e la verifica. La struttura decentralizzata di questi sistemi riduce la necessità di intermediari, aumenta l'accessibilità e offre maggiore sicurezza e trasparenza. L'incorporazione di tecnologie innovative come i contratti intelligenti e le applicazioni di finanza decentralizzata (DeFi) amplia il potenziale di innovazione nella verifica delle transazioni e nella registrazione dei record.

La fiducia nelle transazioni digitali si basa sui pilastri fondamentali della verifica delle transazioni e della registrazione dei record. Il futuro delle transazioni digitali sicure e trasparenti è modellato dal ruolo degli algoritmi di consenso, dall'immutabilità della blockchain e dal panorama in evoluzione del sistema finanziario. Mantenere l'integrità, la privacy e la scalabilità della verifica delle transazioni e della registrazione dei record sarà essenziale per stabilire fiducia e promuovere lo sviluppo della finanza digitale man mano che continuiamo a cogliere le opportunità offerte dalle reti decentralizzate e dalle tecnologie future.

Il Ruolo dei Minatori

Nel mondo dei sistemi digitali decentralizzati, i miner sono essenziali per preservare l'affidabilità, la sicurezza e l'integrità della rete. I miner dedicano potenza computazionale e competono per risolvere puzzle complessi come partecipanti negli algoritmi di consenso, assistendo nella verifica delle transazioni, nella produzione di blocchi e nella stabilità del sistema. Questa sezione indaga la funzione diversificata dei miner, evidenziando la loro importanza, le motivazioni, le difficoltà e le implicazioni per il più ampio ecosistema delle criptovalute.

Le reti digitali decentralizzate non possono funzionare o essere sicure senza i miner, che agiscono come la base di queste reti. I miner supportano la verifica delle transazioni, evitano il doppio utilizzo di una stessa risorsa digitale e proteggono la rete dalle attività criminali dedicando risorse computazionali e partecipando attivamente agli algoritmi di consenso. La loro capacità computazionale garantisce l'affidabilità del sistema e stabilisce una base per il consenso dei partecipanti.

La creazione di blocchi e la verifica delle transazioni sono due delle principali responsabilità dei miner. Le transazioni non confermate vengono raccolte dalla rete dai miner, che poi le impacchettano in blocchi. Successivamente, competono per trovare la soluzione migliore a puzzle computazionalmente complessi nel tentativo di soddisfare i requisiti della rete. L'integrità delle transazioni registrate è garantita dall'aggiunta del nuovo blocco alla blockchain dopo che un miner ha risolto con successo il puzzle.

Gli algoritmi di consenso offrono incentivi ai miner per contribuire con potenza computazionale e mantenere la sicurezza della rete. I sistemi di proof-of-work (PoW) come Bitcoin compensano i miner per i loro sforzi con valuta appena creata come Bitcoin e commissioni di transazione. Per garantire la partecipazione e l'integrità dei miner della rete, questi benefici fungono da incentivo finanziario.

I singoli miner lottano per minare blocchi con successo e raccogliere ricompense man mano che la difficoltà del mining aumenta. Consentendo ai miner di combinare le loro risorse computazionali e lavorare come una squadra, i pool di mining forniscono una soluzione. I partecipanti ai pool di mining aumentano le loro probabilità di minare blocchi con successo e guadagnare una parte delle ricompense in base alla loro partecipazione combinando la loro potenza computazionale.

La sicurezza e l'integrità delle reti digitali decentralizzate sono crucialmente mantenute dalla potenza computazionale fornita dai miner. La rete è protetta dagli attacchi grazie al consenso raggiunto durante il processo di mining, che garantisce anche che le transazioni fraudolente siano respinte e si eviti il doppio utilizzo di una stessa risorsa. Il sistema è protetto da attività malevole grazie ai miner che fungono da custodi, convalidando le transazioni.

A causa del notevole consumo di energia, il mining di bitcoin in particolare ha ricevuto attenzione. Le preoccupazioni riguardo alla sostenibilità a lungo termine e all'impatto ambientale del mining derivano dal considerevole consumo di elettricità richiesto dalla potenza computazionale necessaria per il mining. Per risolvere questi problemi, gli sforzi in corso sono concentrati sulla creazione di metodi di mining più efficienti dal punto di vista energetico e sull'esplorazione di procedure di consenso alternative, come il proof-of-stake (PoS).

L'industria del mining è altamente competitiva e ci sono molte difficoltà per i miner. Diventa più difficile minare nuovi blocchi e ricevere ricompense man mano che la rete si espande e il mining diventa più complesso. Per essere competitivi, i miner devono investire in hardware specializzato come circuiti integrati specifici per applicazioni (ASIC). Inoltre, man mano che le operazioni di mining più grandi combinano una potenza computazionale significativa, aumenta il rischio di centralizzazione, compromettendo possibilmente la natura decentralizzata della rete.

Il mining è cambiato nel tempo in risposta ai fattori di mercato, ai progressi tecnologici e allo sviluppo degli algoritmi di consenso. L'introduzione di algoritmi di consenso alternativi, come il proof-of-stake (PoS), offre metodi alternativi per raggiungere il consenso utilizzando meno energia. Si prevede che la funzione dei miner cambi man mano che l'ecosistema delle criptovalute si sviluppa, e potrebbero apparire nuove tecniche di mining.

Nei sistemi digitali decentralizzati, i miner sono essenziali per mantenere l'integrità, la sicurezza e l'affidabilità della rete. I miner contribuiscono alla verifica delle transazioni e mantengono l'integrità delle transazioni digitali attraverso la loro capacità computazionale, il coinvolgimento nelle procedure di consenso e la costruzione di blocchi. Per preservare la natura decentralizzata e la sostenibilità del mining, sarà necessario affrontare questioni come il consumo di energia e la competitività man mano che l'ambiente cambia. La posizione dei miner nell'ecosistema delle criptovalute continuerà a influenzare lo sviluppo delle valute digitali e la diffusione delle tecnologie decentralizzate.

CAPITOLO IV

Il Valore di Bitcoin

Perché Bitcoin ha Valore

La prima valuta digitale decentralizzata al mondo, Bitcoin, ha catturato l'interesse di investitori, consumatori e istituzioni finanziarie in tutto il mondo. Districare il mistero del perché Bitcoin abbia valore è essenziale per comprendere la sua importanza. Il valore di Bitcoin deriva da una varietà di fattori, tra cui scarsità, utilità, adozione, fiducia, speculazione di mercato e confronti con altri asset, a differenza delle valute tradizionali che sono supportate da governi o beni fisici. In questa sezione vengono affrontate le basi teoriche del valore di Bitcoin, insieme alle implicazioni per il più ampio ecosistema delle criptovalute.

La scarsità di Bitcoin è uno dei principali fattori che influenzano il suo valore. La fornitura di Bitcoin è limitata a 21 milioni di monete, a differenza delle valute fiat, che possono essere create secondo necessità. A causa della fornitura strettamente regolamentata che è incorporata nel protocollo di Bitcoin, è impossibile per chiunque influenzare il tasso di inflazione o saturare eccessivamente il mercato. La presenza di scarsità crea un ambiente in cui la domanda potrebbe superare l'offerta, portando a un aumento del valore di ciascun singolo Bitcoin. Le caratteristiche di Bitcoin come riserva di valore sono influenzate dal programma di emissione pianificato e dall'incapacità di aumentare arbitrariamente l'offerta.

L'uso di Bitcoin come metodo di pagamento digitale aumenta notevolmente il suo valore. Le transazioni peer-to-peer sono possibili grazie alla sua natura decentralizzata, che elimina la necessità di intermediari come banche o governi. Bitcoin è attraente per i trasferimenti transfrontalieri, gli acquisti online e i micropagamenti poiché consente transazioni rapide, senza confini e a basso costo. L'utilità di Bitcoin come alternativa praticabile ai metodi di pagamento consolidati ne aumenta l'attrattiva e, di conseguenza, il suo valore di mercato. La facilità e l'efficacia dell'utilizzo di Bitcoin per le transazioni ne aumentano l'attrattiva per coloro che cercano indipendenza finanziaria e per coloro che sono esclusi dalle istituzioni bancarie tradizionali.

Bitcoin è frequentemente considerato una riserva di valore, simile all'oro o ad altri metalli preziosi. Bitcoin offre alle persone un modo per proteggersi dall'inflazione e mantenere la loro ricchezza poiché è un asset digitale decentralizzato. Alcune persone vedono Bitcoin come una copertura contro i sistemi finanziari tradizionali e le valute supportate dal governo che potrebbero essere vulnerabili alle pressioni inflazionistiche a causa della sua quantità limitata e della natura decentralizzata. Quando le persone cercano alternative alle opzioni di investimento convenzionali, possono vedere Bitcoin come un bene rifugio, specialmente durante periodi di incertezza economica.

L'adozione di Bitcoin e gli effetti di rete hanno un impatto significativo sul suo valore. L'utilità e il valore percepito di Bitcoin crescono man mano che più persone, aziende e organizzazioni lo adottano. Gli effetti di rete descrivono il fenomeno per cui il valore di una rete o di una piattaforma aumenta con l'aumentare degli utenti. Il valore di Bitcoin è incrementato dalla sua crescente adozione, dal feedback positivo creato dagli effetti di rete e dalla sua espansione della base di utenti e dall'accettazione come mezzo di pagamento. Grazie alla sua crescente accettazione e liquidità, Bitcoin diventa più prezioso per gli utenti man mano che diventa più popolare.

Il valore di qualsiasi valuta è fortemente influenzato dalla fiducia. Il valore di Bitcoin si basa sulla fiducia nella sua tecnologia sottostante, nella riservatezza delle transazioni e nella struttura decentralizzata della sua rete. I partecipanti sono più propensi a fidarsi l'uno dell'altro grazie alla trasparenza e all'immutabilità della blockchain e alle procedure di consenso che garantiscono l'autenticità delle transazioni. Il fatto che Bitcoin non sia governato da un'unica entità ne aumenta il valore e ispira fiducia nella sua resilienza. La struttura decentralizzata di Bitcoin elimina la necessità di intermediari, riduce il rischio di censura e dà agli utenti il controllo sui propri fondi.

Inoltre, la speculazione di mercato e il sentiment degli investitori influiscono sul valore di Bitcoin. Bitcoin attira trader e speculatori che vogliono trarre profitto dalle fluttuazioni dei prezzi poiché è un asset relativamente nuovo e instabile. Il valore di Bitcoin può essere fortemente influenzato dall'opinione pubblica, che può essere influenzata da cambiamenti normativi, adozione istituzionale, copertura mediatica, tendenze macroeconomiche e progressi tecnologici. Le fluttuazioni dei prezzi a breve termine sono influenzate dalle forze di mercato e dalle decisioni degli investitori, ma potrebbero non corrispondere sempre al valore intrinseco di Bitcoin nel lungo termine. Tuttavia, a causa della sua alta volatilità, Bitcoin può attrarre investitori in cerca di rendimenti significativi e allontanare coloro che sono avversi al rischio.

Il valore percepito di Bitcoin è influenzato dai confronti con asset ben noti come l'oro o la valuta fiat. Le persone sono in grado di comprendere meglio il valore e il potenziale di Bitcoin attraverso confronti e analogie con i sistemi finanziari tradizionali. Ad esempio, alcuni hanno paragonato Bitcoin all'oro, che è stato a lungo considerato una riserva di valore grazie alla sua quantità limitata e alla natura decentralizzata. La Legge di Metcalfe, che afferma che il valore di una rete è proporzionale al quadrato dei suoi utenti, offre inoltre un quadro per comprendere come gli effetti di rete e l'adozione di Bitcoin contribuiscano all'aumento del valore. Si crea un feedback positivo quando più persone e organizzazioni utilizzano Bitcoin, aumentando il valore complessivo della rete e migliorando la sua proposta di valore.

Il valore di Bitcoin non è privo di rischi e difficoltà. Il suo valore percepito può essere influenzato da fattori come la sua volatilità dei prezzi, l'incertezza normativa, le limitazioni tecnologiche, la concorrenza di altre criptovalute, potenziali violazioni della sicurezza e problemi di scalabilità. Poiché le grandi fluttuazioni dei prezzi possono comportare guadagni o perdite significative, l'alta volatilità di Bitcoin comporta sia opportunità che rischi. Anche le misure normative e l'intervento governativo possono influire sul valore di Bitcoin, poiché restrizioni o modifiche ai quadri legali per il suo utilizzo potrebbero influenzare il sentiment degli investitori e l'adozione. Per l'infrastruttura di Bitcoin potrebbero essere necessari continui progressi tecnologici per affrontare problemi come la scalabilità e il consumo energetico.

Scarsità, utilità, adozione, fiducia, speculazione di mercato e confronti con altri asset contribuiscono tutti al valore di Bitcoin. Il suo valore percepito come asset digitale è influenzato dalla sua fornitura limitata, dalla natura decentralizzata, dall'utilità come sistema di pagamento digitale, dalle caratteristiche come riserva di valore e dagli effetti di rete. Comprendere le ragioni che supportano il valore di Bitcoin è essenziale per apprezzarne l'importanza come forza trasformativa nella finanza e per la più ampia accettazione delle criptovalute man mano che continua a svilupparsi e maturare. Sebbene ci siano rischi e difficoltà, i fondamenti del valore di Bitcoin fanno una forte argomentazione per la sua rilevanza continua e la sua capacità di cambiare il corso della finanza globale.

Bitcoin come Deposito di Valore

La prima valuta digitale decentralizzata al mondo, Bitcoin, ha suscitato molto interesse come possibile riserva di valore. Beni come oro o immobili hanno tradizionalmente servito come riserve di valore, proteggendo la ricchezza nel tempo. Bitcoin sfida questa idea e si posiziona come sostituto digitale grazie alle sue proprietà uniche. Questa sezione esamina ciò che rende Bitcoin una possibile riserva di valore, quali ostacoli deve superare e cosa significa questo per il più ampio sistema finanziario.

La scarsità di Bitcoin è uno dei principali fattori che influenzano la sua percezione come riserva di valore. Il numero di Bitcoin disponibili è limitato a 21 milioni e sono distribuiti secondo un programma prestabilito. A causa della quantità limitata, esiste una scarsità nel mondo digitale, che conferisce a ogni Bitcoin un valore intrinseco. L'offerta finita di Bitcoin impedisce che il suo valore si deprezzi nel tempo, a differenza delle valute fiat che le banche centrali possono inflazionare. La limitata fornitura di Bitcoin aumenta il suo potenziale come riserva di valore poiché le persone vogliono acquistare e detenere asset con una fornitura limitata.

La natura decentralizzata di Bitcoin ne aumenta il potenziale come riserva di valore. Bitcoin funziona su una rete decentralizzata di computer, a differenza dei sistemi finanziari convenzionali, che sono controllati da un'unica istituzione. La possibilità di interferenze, censura o manipolazione da parte del governo è eliminata da questa decentralizzazione. I partecipanti possono avere fiducia che le loro partecipazioni in Bitcoin siano sicure e immuni da variabili economiche o politiche che potrebbero ridurre il valore degli asset tradizionali. La caratteristica decentralizzata di Bitcoin rafforza le sue qualità come riserva di valore fornendo alle persone un bene affidabile e incorruttibile.

La divisibilità e portabilità di Bitcoin migliorano la sua idoneità come riserva di valore. Poiché ogni Bitcoin può essere diviso fino a otto decimali, può essere utilizzato per microtransazioni ed è quindi accessibile a persone di tutte le classi finanziarie. Grazie alla sua divisibilità, Bitcoin può gestire un'ampia gamma di dimensioni di transazione e rimanere fungibile. Inoltre, i portafogli digitali rendono semplice l'accesso a Bitcoin a livello globale e il suo trasferimento attraverso i confini. Grazie alla sua assenza di confini, elimina gli ostacoli causati dallo stoccaggio fisico e dai costi di trasporto delle riserve di valore tradizionali. Fornendo alle persone un modo conveniente e sicuro per detenere e trasferire ricchezza, la semplicità di trasferire e conservare Bitcoin aumenta il suo potenziale come riserva di valore.

La trasparenza e la verificabilità offerte dalla tecnologia blockchain migliorano la proposta di riserva di valore di Bitcoin. Chiunque può verificare la storia e l'autenticità di ogni Bitcoin accedendo ai registri pubblici di ogni transazione effettuata sulla blockchain. Questa trasparenza promuove la fiducia e protegge l'integrità della rete. La sua credibilità come riserva di valore è aumentata dalla possibilità per i partecipanti di confermare in modo indipendente la scarsità, la proprietà e la storia delle transazioni di qualsiasi Bitcoin. Le persone hanno fiducia nella capacità di Bitcoin di conservare il valore perché è possibile verificare le transazioni e confermarne la legittimità.

Bitcoin riduce significativamente il rischio di controparte, o il rischio legato all'affidabilità delle parti coinvolte nella proprietà o nella custodia di un bene. Le riserve di valore tradizionali, come azioni o obbligazioni, dipendono da intermediari affidabili per la custodia. Tuttavia, l'uso di Bitcoin consente alle persone di avere il pieno controllo dei loro beni senza dover dipendere da terze parti. Eliminando gli intermediari, Bitcoin riduce il rischio di furto, frode o inadempienza del custode, il che aumenta la sua attrattiva come riserva di valore. Le persone possono detenere e proteggere direttamente le loro partecipazioni in Bitcoin, riducendo la loro esposizione al rischio di controparte e aumentando la loro fiducia nel valore a lungo termine dell'asset.

L'accettazione del mercato e la performance storica di Bitcoin supportano il suo potenziale come riserva di valore. Dalla sua creazione, Bitcoin ha registrato un significativo aumento di prezzo, attirando investitori alla ricerca di potenziali rendimenti. La legittimità e la liquidità di Bitcoin sono ulteriormente supportate dalle istituzioni e dalle imprese che lo accettano come forma di pagamento. La profondità e la stabilità del mercato di Bitcoin crescono man mano che più organizzazioni lo riconoscono e lo utilizzano, rafforzando la sua posizione come riserva di valore affidabile. Le persone hanno fiducia nel potenziale di Bitcoin come riserva di valore a lungo termine grazie alla sua storia di crescita del valore e alla crescente integrazione nei sistemi finanziari tradizionali.

Quando si valuta il potenziale di Bitcoin come riserva di valore, è necessario considerare la sua volatilità e i fattori di rischio correlati. Il prezzo di Bitcoin è soggetto a grandi oscillazioni poiché è ancora un asset relativamente nuovo ed emergente. In brevi periodi di tempo, il suo valore di mercato può subire aumenti o diminuzioni improvvisi. Le persone che cercano una riserva di valore stabile devono essere consapevoli dei rischi posti dall'alta volatilità. Alcuni sostengono che il potenziale di Bitcoin per l'apprezzamento a lungo termine superi la sua volatilità a breve termine. Inoltre, poiché il mercato di Bitcoin si sviluppa e l'interesse istituzionale aumenta, la sua volatilità è diminuita nel tempo.

L'ambiente legale e normativo intorno a Bitcoin ha un impatto sulla sua capacità di agire come riserva di valore. Le normative, gli interventi governativi e i sistemi legali possono influenzare l'accettazione e la liquidità del mercato di Bitcoin. L'incertezza sullo status di Bitcoin come riserva di valore è aggravata dalla mancanza di regolamenti uniformi ampiamente accettati. Tuttavia, una maggiore chiarezza normativa e un'adozione diffusa potrebbero ridurre queste preoccupazioni e supportare la stabilità del suo valore percepito. Lo sviluppo di quadri normativi e l'istituzione di leggi che offrono protezioni agli investitori possono rafforzare la posizione di Bitcoin come riserva di valore affidabile e regolamentata.

Il potenziale di Bitcoin come riserva di valore deve affrontare una serie di ostacoli. La stabilità del suo valore può essere influenzata da problemi di scalabilità, consumo energetico, sviluppi tecnologici, concorrenza di altre criptovalute e sentiment di mercato. La necessità di gestire volumi di transazioni in aumento mantenendo basse commissioni e tempi di conferma rapidi dà origine a preoccupazioni sulla scalabilità. A causa delle elevate richieste computazionali del mining di Bitcoin, il consumo energetico è un problema significativo. La rete Lightning è un esempio di avanzamento tecnologico che mira a risolvere i problemi di scalabilità ed efficienza energetica. Il dominio di Bitcoin sul mercato e il suo potenziale come riserva di valore possono essere influenzati dalla concorrenza di altre criptovalute con caratteristiche simili o migliorate. Infine, la percezione della stabilità del valore di Bitcoin può essere influenzata dal sentiment di mercato, che può essere influenzato da fattori esterni come azioni governative o recessioni economiche. Nonostante queste difficoltà, c'è ancora speranza per il futuro di Bitcoin come riserva di valore. Questi problemi possono essere risolti e un ambiente più stabile può essere creato per Bitcoin come riserva di valore attraverso continui avanzamenti tecnologici, supporto istituzionale e adozione più ampia.

Grazie alle sue qualità distintive, come il ridotto rischio di controparte, la decentralizzazione, la divisibilità, la trasparenza, la performance storica e l'accettazione del mercato, Bitcoin ha il potenziale per fungere da riserva di valore. La sua scarsità, la struttura decentralizzata, l'utilità come sistema di pagamento digitale e la crescente accettazione da parte di organizzazioni e imprese contribuiscono alla sua attrattiva. Tuttavia, ci sono ostacoli che impediscono a Bitcoin di fungere da riserva di valore, come la volatilità, le questioni legali e normative, le limitazioni tecnologiche e la concorrenza di altre criptovalute. Perché Bitcoin possa realizzare il suo potenziale come riserva di valore, sarà necessario superare questi ostacoli e stabilire ulteriormente la sua legittimità nel più ampio sistema finanziario. Il futuro di Bitcoin come riserva di valore affidabile e riconosciuta sarà determinato dal continuo sviluppo dell'infrastruttura, dei quadri normativi e dall'accettazione del mercato.

Analisi di Mercato e Fluttuazioni dei Prezzi

A causa della sua volatilità dei prezzi, Bitcoin, la prima valuta digitale decentralizzata, ha attirato molta attenzione. Per gli investitori e gli appassionati che cercano di navigare nel panorama delle criptovalute, l'analisi del mercato e la comprensione delle fluttuazioni dei prezzi sono essenziali. In questa sezione viene trattata un'analisi approfondita del mercato, insieme alle variabili che influenzano il movimento dei prezzi di Bitcoin e le loro implicazioni per i trader, gli investitori e il più ampio ecosistema delle criptovalute.

Il mercato in cui Bitcoin viene scambiato è dinamico e frequentemente volatile, influenzato da diversi fattori. La sua struttura decentralizzata, l'offerta limitata, la domanda di mercato, i cambiamenti normativi, i progressi tecnologici, le tendenze macroeconomiche e il sentiment degli investitori collaborano tutti per influenzare le dinamiche di mercato e causare fluttuazioni dei prezzi. Per analizzare il mercato di Bitcoin e prendere decisioni informate, è cruciale comprendere questi fattori.

Metodi diversi vengono utilizzati nell'analisi del mercato per fare luce sulle fluttuazioni dei prezzi di Bitcoin. Analizzando i suoi elementi sottostanti, come l'adozione della rete, i progressi tecnologici, l'ambiente normativo e la domanda di mercato, l'analisi fondamentale determina il valore intrinseco di Bitcoin. D'altro canto, l'analisi tecnica mira a prevedere i movimenti futuri dei prezzi analizzando i modelli di prezzo storici, i grafici e gli indicatori matematici. Sia l'analisi fondamentale che quella tecnica forniscono punti di vista significativi che aiutano i trader a comprendere il mercato e a prendere decisioni di trading informate.

La fluttuazione del prezzo di Bitcoin è influenzata in modo significativo dal principio economico fondamentale della domanda e dell'offerta. Con un'offerta massima di 21 milioni di monete, Bitcoin crea un effetto di scarsità che fa aumentare il prezzo. Il prezzo di Bitcoin tende ad aumentare man mano che la domanda cresce da parte di persone, organizzazioni o nazioni. Al contrario, il prezzo tende a diminuire quando l'offerta o la domanda cambiano. L'interazione tra le dinamiche di domanda e offerta costituisce la base per i cambiamenti di prezzo di Bitcoin.

L'ambiente normativo e le politiche governative hanno un grande impatto su quanto il prezzo di Bitcoin cambi. Le normative possono essere quadri di supporto che incoraggiano l'adozione o politiche restrittive che ne ostacolano l'espansione. La volatilità dei prezzi può essere causata da notizie su restrizioni governative, divieti, leggi fiscali o importanti decisioni legali relative a Bitcoin. Gli investitori prestano molta attenzione agli sviluppi normativi perché influenzano il sentiment di mercato e la fattibilità a lungo termine di Bitcoin.

I progressi tecnologici e le innovazioni nell'ecosistema di Bitcoin influenzano anche le fluttuazioni dei prezzi. Miglioramenti in termini di scalabilità, velocità delle transazioni, privacy e sicurezza possono aumentare l'utilità di Bitcoin e attirare nuovi utenti. Allo stesso modo, l'emergere di nuovi casi d'uso, come le soluzioni di livello due o le applicazioni di finanza decentralizzata (DeFi), possono creare domanda e migliorare il sentiment, portando a un aumento del prezzo. Il percorso del prezzo di Bitcoin potrebbe essere significativamente influenzato dal progresso e dall'innovazione tecnologica.

Le fluttuazioni dei prezzi di Bitcoin sono significativamente influenzate da variabili macroeconomiche e dal sentiment degli investitori. Gli investitori possono rivolgersi a Bitcoin come bene rifugio percepito o copertura contro i sistemi finanziari convenzionali in risposta a crisi economiche, eventi geopolitici, pressioni inflazionistiche o politiche delle banche centrali. Il sentiment degli investitori può risultare in circuiti di feedback che amplificano i cambiamenti dei prezzi a causa della copertura mediatica, della speculazione di mercato e del comportamento collettivo. Il prezzo di Bitcoin cambia frequentemente in risposta ai dati macroeconomici, riflettendo come gli investitori valutano il suo valore in relazione ad altri asset finanziari.

Le fluttuazioni dei prezzi di Bitcoin sono influenzate anche dalla manipolazione del mercato e dalla liquidità. Rispetto ai mercati finanziari tradizionali, il mercato di Bitcoin è relativamente piccolo, rendendolo vulnerabile alla manipolazione dei prezzi da parte di parti con risorse finanziarie sostanziali. Tecniche di manipolazione dei prezzi come lo spoofing e gli schemi pump-and-dump possono risultare in brevi picchi o crolli dei prezzi. Inoltre, la liquidità, ovvero la semplicità con cui è possibile acquistare o vendere Bitcoin senza influire significativamente sul prezzo, gioca un ruolo critico nel mantenimento della stabilità dei prezzi. Movimenti di prezzo esagerati possono derivare dalla mancanza di liquidità, specialmente durante periodi di alta volatilità.

Gli investitori e i trader che partecipano al mercato di Bitcoin devono comprendere l'analisi del mercato e la volatilità dei prezzi. Le strategie di investimento e la gestione del rischio possono essere influenzate da un'analisi approfondita dei fattori fondamentali, degli indicatori tecnici e del sentiment di mercato. Mentre i trader a breve termine possono affidarsi maggiormente all'analisi tecnica e al sentiment di mercato per trarre profitto dai movimenti dei prezzi, gli investitori a lungo termine possono concentrarsi sul valore intrinseco di Bitcoin, sulle tendenze di adozione e sui progressi tecnologici. È fondamentale implementare tecniche di gestione del rischio efficaci, come la diversificazione e gli ordini di stop-loss, per ridurre la volatilità intrinseca e i rischi associati al trading di Bitcoin.

Le fluttuazioni dei prezzi di Bitcoin sono fortemente influenzate dalla speculazione e dai comportamenti degli investitori. Gli investitori al dettaglio, i trader istituzionali e gli speculatori sono solo alcuni dei partecipanti attratti dal mercato delle criptovalute. Il sentiment del mercato può causare una notevole volatilità dei prezzi perché è influenzato dalle notizie, dai social media e dal comportamento generale. Bolle di prezzo o crolli possono derivare dalla speculazione eccessiva motivata dalla paura o dall'avidità. Per questa ragione, navigare nel mercato di Bitcoin richiede la comprensione del comportamento degli investitori, la capacità di distinguere il rumore di mercato a breve termine dal valore a lungo termine e la capacità di mantenere un approccio di investimento disciplinato.

L'analisi del mercato e la volatilità dei prezzi di Bitcoin sono fenomeni complessi influenzati da numerosi fattori. La traiettoria dei prezzi di Bitcoin è influenzata da una varietà di fattori, tra cui le dinamiche di domanda e offerta, i cambiamenti normativi, i progressi tecnologici, i fattori macroeconomici, la manipolazione del mercato e il sentiment degli investitori. I partecipanti possono acquisire una comprensione del mercato e prendere decisioni informate utilizzando l'analisi del mercato, che incorpora approcci sia fondamentali che tecnici. Per navigare nel mercato di Bitcoin e gestire i rischi associati, è essenziale che gli investitori e i trader comprendano le implicazioni delle fluttuazioni dei prezzi. L'indagine e l'analisi continue avanzeranno la comprensione delle dinamiche del mercato di Bitcoin e del suo posto all'interno del più ampio panorama finanziario man mano che l'ecosistema delle criptovalute si sviluppa.

CAPITOLO V

Rischi e Sfide

Volatilità e Rischi di Mercato

La prima valuta digitale decentralizzata, Bitcoin, è nota per la sua volatilità dei prezzi. Bitcoin viene scambiato sul mercato delle criptovalute, caratterizzato da prezzi volatili e altri rischi di mercato. Le implicazioni per gli investitori, i trader e l'ecosistema più ampio delle criptovalute vengono esaminate mentre questa sezione approfondisce le complessità della volatilità e dei rischi di mercato, indaga le cause delle fluttuazioni dei prezzi di Bitcoin e considera le possibili soluzioni.

La magnitudine delle variazioni dei prezzi in un determinato periodo di tempo è chiamata volatilità. Rispetto agli asset tradizionali come azioni o valute fiat, Bitcoin ha una volatilità molto più elevata. Le dimensioni relativamente piccole del mercato di Bitcoin, l'assenza di valore intrinseco, le incertezze normative, il sentiment degli investitori e la natura dinamica dell'ecosistema delle criptovalute sono alcuni dei fattori che contribuiscono alla sua volatilità.

La facilità con cui un asset può essere acquistato o venduto senza modificare significativamente il suo prezzo, ovvero la liquidità del mercato, è un fattore chiave nella volatilità di Bitcoin. Bitcoin è più vulnerabile agli shock di liquidità rispetto ai mercati finanziari tradizionali a causa delle sue dimensioni di mercato più ridotte. Grandi ordini di acquisto o vendita possono causare variazioni significative dei prezzi, in particolare quando c'è poca attività di trading o profondità nel libro ordini. I mercati illiquidi possono peggiorare la volatilità dei prezzi e aumentare il rischio di slippage durante le operazioni di trading.

Il sentiment del mercato, alimentato da emozioni come paura, avidità o incertezza, influenza significativamente la volatilità di Bitcoin. Gli investitori possono reagire emotivamente a eventi di cronaca, decisioni normative, indicatori macroeconomici e percezione pubblica. Notizie positive, come l'adozione istituzionale o il supporto normativo, possono portare a periodi di ottimismo e crescita dei prezzi. Al contrario, notizie negative, come falle di sicurezza o repressioni normative, possono causare paura e calo dei prezzi. Fattori emotivi possono creare circuiti di feedback che amplificano i movimenti dei prezzi e aumentano la volatilità.

I rischi normativi e legali influenzano significativamente la volatilità di Bitcoin. In quanto valuta digitale decentralizzata, Bitcoin opera in un ambiente normativo complesso e dinamico. Le modifiche alle normative, le azioni governative o le decisioni giudiziarie possono influenzare il sentiment del mercato e causare variazioni dei prezzi. L'incertezza riguardo allo status legale di Bitcoin in diverse giurisdizioni può ostacolare l'adozione e aumentare la volatilità. I partecipanti al mercato monitorano attentamente i cambiamenti normativi per prevedere i rischi potenziali e il loro impatto sul prezzo di Bitcoin.

L'ecosistema delle criptovalute è pieno di rischi tecnologici e innovazione, che contribuiscono alla volatilità di Bitcoin. Bitcoin è vulnerabile a vulnerabilità tecnologiche, bug software e aggiornamenti di rete poiché è una tecnologia in via di sviluppo. Problemi tecnici come problemi di scalabilità o problemi di sicurezza possono influenzare la volatilità dei prezzi e causare reazioni del mercato. Tuttavia, ci sono anche possibilità di riduzione dei rischi e miglioramento a lungo termine della stabilità dell'ecosistema delle criptovalute grazie al progresso tecnologico e all'innovazione.

Un altro fattore che aumenta la volatilità di Bitcoin è la manipolazione del mercato. Il mercato delle criptovalute è in gran parte non regolamentato, rendendolo aperto alla manipolazione da parte di parti con risorse finanziarie significative. Tecniche manipolative come lo spoofing e gli schemi pump-and-dump possono causare variazioni artificiali dei prezzi e ingannare i partecipanti al mercato. Inoltre, fattori esterni come eventi macroeconomici, disordini geopolitici o crisi finanziarie possono influenzare la volatilità del prezzo di Bitcoin. Quando prendono decisioni di trading, gli investitori devono essere consapevoli di questi fattori esterni e procedere con cautela.

Per i trader e gli investitori, la volatilità di Bitcoin offre sia opportunità che rischi. Fluttuazioni significative dei prezzi possono verificarsi a causa della volatilità, fornendo opportunità di profitto potenziale per i trader che partecipano alla speculazione a breve termine. Tuttavia, è importante ricordare che la volatilità comporta alcuni rischi intrinseci. Se non vengono implementate strategie di gestione del rischio appropriate, cali improvvisi dei prezzi possono causare perdite significative. Per navigare nella volatilità e trarre vantaggio dalla potenziale crescita delle criptovalute, gli investitori con una prospettiva a lungo termine dovrebbero concentrarsi sui vantaggi fondamentali di Bitcoin, sui progressi tecnologici e sulle tendenze di adozione.

Implementare strategie di gestione del rischio adeguate è necessario per gestire i rischi associati alla volatilità di Bitcoin. Una diversificazione tra diverse classi di asset può ridurre l'esposizione di un portafoglio alla volatilità di Bitcoin. I rischi di ribasso possono essere ridotti implementando strategie di copertura o impostando ordini di stop-loss appropriati. Inoltre, gli investitori e i trader possono navigare nella volatilità di Bitcoin in modo più efficace conducendo studi approfonditi, mantenendosi aggiornati sugli sviluppi del mercato e mantenendo un approccio di investimento disciplinato.

Si prevede che il mercato delle criptovalute diventi più stabile con il suo sviluppo. Il coinvolgimento istituzionale, la chiarezza normativa, l'infrastruttura di mercato migliorata e l'aumento dell'adozione possono ridurre la volatilità a lungo termine di Bitcoin. Tuttavia, la stabilità del mercato non significa che la volatilità scomparirà completamente, poiché le proprietà distintive delle criptovalute e la natura dinamica del mercato continueranno a influenzare le variazioni dei prezzi.

La caratteristica distintiva del mercato delle criptovalute è la volatilità di Bitcoin. Le fluttuazioni dei prezzi di Bitcoin sono influenzate da una serie di variabili, tra cui la liquidità del mercato, il sentiment, i rischi normativi, le difficoltà tecnologiche, la manipolazione del mercato e i fattori esterni. Per gli investitori e i trader che cercano di navigare nel panorama delle criptovalute, è essenziale comprendere le implicazioni della volatilità. I rischi associati alla volatilità di Bitcoin possono essere ridotti impiegando strategie di gestione del rischio appropriate, monitorando gli sviluppi del mercato e mantenendo una prospettiva a lungo termine. Si prevede che l'aumento della maturità e della stabilità del mercato fornirà opportunità agli investitori e promuoverà un'adozione più ampia delle criptovalute nel sistema finanziario globale man mano che l'ecosistema delle criptovalute continua a svilupparsi.

Rischi di Sicurezza e Frodi

La prima valuta digitale decentralizzata, Bitcoin, ha molti vantaggi ma è anche vulnerabile a frodi e rischi di sicurezza. In quanto asset digitale, Bitcoin si basa su reti decentralizzate e tecnologia crittografica per mantenere la sicurezza. Minacce come hacking, phishing, truffe e problemi normativi, tuttavia, mettono a rischio i fondi degli utenti e l'ecosistema delle criptovalute in generale. Questa sezione esamina i rischi di sicurezza e frode legati a Bitcoin, indaga le vulnerabilità sottostanti e discute le precauzioni da adottare in un ambiente digitale in rapido cambiamento.

Nell'ecosistema di Bitcoin, la sicurezza è della massima importanza. Sebbene la natura decentralizzata di Bitcoin elimini la necessità di intermediari come le banche, essa trasferisce anche tutta la responsabilità della sicurezza del denaro agli utenti. Poiché le transazioni in Bitcoin sono irreversibili, qualsiasi violazione della sicurezza o frode potrebbe comportare perdite non recuperabili. Pertanto, per proteggere i fondi in Bitcoin e mantenere la fiducia nella criptovaluta, è cruciale comprendere e implementare misure di sicurezza solide.

Gli utenti di Bitcoin sono esposti a una varietà di minacce informatiche che potrebbero compromettere la sicurezza dei loro fondi. Gli attacchi di hacking come phishing, malware e ransomware mirano ai portafogli delle persone, agli scambi o ad altre soluzioni di archiviazione per ottenere accesso non autorizzato a Bitcoin. Questi attacchi sfruttano vulnerabilità software, errori umani o tecniche di ingegneria sociale. Gli utenti devono essere vigili nel proteggere le loro chiavi private, utilizzare portafogli software e hardware sicuri e rimanere aggiornati sui nuovi rischi di sicurezza.

Le violazioni della sicurezza si verificano frequentemente negli scambi di Bitcoin, dove gli utenti possono acquistare, vendere e scambiare la criptovaluta. Una parte considerevole di Bitcoin è conservata in hot wallet accessibili online da scambi centralizzati, che fungono da custodi dei fondi degli utenti. Gli scambi sono vulnerabili agli attacchi di hacking a causa del singolo punto di fallimento creato da questa archiviazione centralizzata. Gli utenti devono scegliere attentamente scambi affidabili che abbiano autenticazione a più fattori e archiviazione a freddo dei fondi come parte dei loro protocolli di sicurezza.

A causa della popolarità di Bitcoin, sono aumentate molte truffe e schemi fraudolenti che prendono di mira i più vulnerabili. L'industria delle criptovalute è piena di schemi Ponzi, opportunità di investimento false, frodi ICO (Initial Coin Offering) e schemi pump-and-dump. Queste truffe possono causare perdite finanziarie significative sfruttando il desiderio delle persone di fare soldi rapidamente. Gli utenti dovrebbero usare cautela, fare ricerche approfondite e diffidare delle offerte che sembrano troppo belle per essere vere.

Il panorama della sicurezza di Bitcoin è ulteriormente complicato da ostacoli legislativi e rischi legali. È difficile far rispettare la protezione dei consumatori e ritenere i malfattori responsabili a causa della mancanza di regolamentazioni uniformi e ampiamente accettate. Diverse giurisdizioni hanno leggi diverse riguardanti Bitcoin, il che lascia utenti e aziende nell'incertezza. Le interferenze normative o i cambiamenti improvvisi nelle politiche governative possono influenzare la sicurezza e la legittimità delle attività legate a Bitcoin.

Il principio fondamentale della sicurezza di Bitcoin è l'auto-custodia, in cui gli utenti mantengono il pieno controllo delle proprie chiavi private e dei fondi. Gli utenti riducono il rischio di hacking o insolvenza degli scambi controllando le proprie chiavi private da soli, eliminando la necessità di fare affidamento su custodi terzi. Tuttavia, l'auto-custodia comporta ulteriori responsabilità come l'implementazione di piani di backup e la conservazione sicura delle chiavi private. Per proteggere i loro Bitcoin, gli utenti dovrebbero conoscere le migliori pratiche per la gestione delle chiavi e utilizzare portafogli hardware o di carta sicuri.

Per ridurre i rischi di sicurezza e frode associati a Bitcoin, l'istruzione e la consapevolezza degli utenti sono essenziali. Errori umani o ignoranza sono cause comuni di violazioni della sicurezza. Gli utenti dovrebbero familiarizzare con le procedure di sicurezza di base, come mantenere buone abitudini di password, identificare le truffe di phishing e confermare la legittimità di siti web o software prima di inserire dati sensibili. La protezione dei fondi in Bitcoin richiede di rimanere informati sui nuovi rischi e sulle procedure di sicurezza consigliate.

Per affrontare efficacemente i rischi di sicurezza, la cooperazione è cruciale per il settore delle criptovalute. La creazione di norme, linee guida e standard del settore può incoraggiare utenti, organizzazioni e scambi a comportarsi in modo sicuro. Gli esperti di tecnologia, le associazioni di settore e gli enti regolatori possono collaborare per creare quadri che affrontino le questioni di sicurezza proteggendo gli utenti e promuovendo l'innovazione.

I progressi tecnologici hanno il potenziale per rafforzare la sicurezza di Bitcoin e affrontare le vulnerabilità esistenti. L'uso di innovazioni come portafogli multi-firma, moduli di sicurezza hardware, soluzioni di identità decentralizzata e tecnologie che migliorano la privacy possono migliorare la sicurezza delle transazioni e della conservazione di Bitcoin. Una ricerca e uno sviluppo continui in questi settori possono portare a un ecosistema Bitcoin più sicuro e robusto.

L'ecosistema di Bitcoin è pieno di rischi di sicurezza e frode, il che richiede forti misure di protezione per proteggere i fondi e mantenere la fiducia nella valuta digitale. Rischi significativi includono rischi di sicurezza informatica, vulnerabilità degli scambi, frodi, restrizioni governative e rischi legali. Tuttavia, la comunità di Bitcoin può ridurre questi rischi implementando misure di sicurezza appropriate, impegnandosi nell'auto-custodia, promuovendo l'educazione e la consapevolezza degli utenti e incoraggiando la cooperazione all'interno del settore. I progressi tecnologici e l'adozione di standard industriali rafforzeranno ulteriormente la sicurezza di Bitcoin, garantendone la sopravvivenza in un ambiente digitale in rapida evoluzione. Proteggere Bitcoin è essenziale sia per gli utenti individuali che per l'adozione più ampia delle criptovalute come metodo affidabile e sicuro di trasferimento del valore.

Rischi Regolatori e Legali

Il panorama normativo in cui opera Bitcoin, la prima valuta digitale decentralizzata, è complesso. Per i regolatori di tutto il mondo, la natura dirompente di Bitcoin presenta sia sfide uniche che opportunità. Questa sezione esamina le potenziali implicazioni normative e legali di Bitcoin, analizza la complessità dell'ambiente normativo e discute gli effetti sugli utenti, sulle imprese e sull'ecosistema delle criptovalute in generale.

L'ambiente normativo per Bitcoin varia notevolmente tra le diverse giurisdizioni. Alcuni paesi accettano Bitcoin e altre criptovalute, offrendo un ambiente normativo favorevole che promuove l'innovazione e tutela i consumatori. Alcuni adottano un approccio cauto, cercando di controllare e gestire i rischi associati alle criptovalute. Nel frattempo, alcuni paesi hanno implementato linee guida rigorose o divieti totali su Bitcoin. L'ambiente normativo frammentato rende difficile per le persone e le aziende utilizzare Bitcoin su scala globale.

I regolatori affrontano Bitcoin con una varietà di obiettivi e preoccupazioni. Mirano a trovare un equilibrio tra la promozione dell'innovazione e del progresso tecnologico e le esigenze di protezione dei consumatori, stabilità finanziaria, lotta al riciclaggio di denaro e contrasto al finanziamento del terrorismo. La protezione degli investitori, la manipolazione del mercato, la prevenzione delle frodi, la tassazione e l'impatto potenziale delle criptovalute sui sistemi finanziari tradizionali sono alcune delle preoccupazioni normative. I regolatori devono trovare il giusto equilibrio tra incoraggiare l'innovazione e la regolamentazione.

Le normative relative a Know Your Customer (KYC) e Anti-Money Laundering (AML) svolgono un ruolo importante nel quadro normativo per Bitcoin. Le normative AML mirano a garantire che le criptovalute non vengano utilizzate per scopi illeciti come il riciclaggio di denaro e il finanziamento del terrorismo. Le normative KYC richiedono che i fornitori di servizi di criptovalute confermino l'identità dei loro clienti per ridurre i rischi associati all'anonimato. Le imprese coinvolte nell'industria delle criptovalute devono spesso affrontare obblighi di segnalazione, requisiti di conservazione dei registri e procedure di conformità a causa di queste normative.

Un altro elemento del quadro normativo per Bitcoin sono le leggi sui titoli. Alcune criptovalute, soprattutto quelle distribuite tramite offerte iniziali di monete (ICO), potrebbero essere classificate come titoli. Le offerte devono rispettare i requisiti di registrazione, divulgazione e protezione degli investitori delle normative sui titoli. La designazione delle criptovalute come titoli può avere implicazioni significative per gli emittenti, gli investitori e gli scambi, poiché determina il grado di scrutinio normativo e di requisiti di conformità.

All'interno del quadro normativo per Bitcoin, la tassazione è un fattore importante da considerare. Le autorità fiscali di tutto il mondo stanno cercando di determinare il trattamento fiscale appropriato delle criptovalute. La tassazione delle transazioni di criptovalute, dei guadagni in conto capitale, dei redditi da mining e delle partecipazioni in Bitcoin varia da paese a paese. Per evitare sanzioni o conseguenze legali, utenti e imprese devono affrontare requisiti di segnalazione complessi, mantenere registri accurati e rispettare gli obblighi fiscali.

I regolatori affrontano difficoltà a causa della natura globale di Bitcoin, che solleva anche preoccupazioni sulla giurisdizione. Le persone di diversi paesi possono effettuare transazioni tra loro, rendendo difficile l'applicazione coerente delle misure normative. L'incertezza legale e le normative contrastanti possono ostacolare il commercio transfrontaliero e rendere difficile la conformità per le multinazionali. L'ambiente normativo per Bitcoin è già complesso a causa della mancanza di allineamento normativo globale.

La conformità ai requisiti legali è cruciale per le aziende che operano nell'ecosistema di Bitcoin. Esempi di misure di conformità includono procedure AML e KYC solide, l'ottenimento delle licenze o delle registrazioni necessarie, la due diligence approfondita sui partner e il mantenimento di registri accurati. Per garantire la conformità continua e la gestione del rischio, le imprese devono anche tenersi aggiornate sulle normative in evoluzione, interagire con le autorità regolatorie e adattare i loro processi.

Le questioni normative relative a Bitcoin sono complesse. I regolatori devono bilanciare l'innovazione con la protezione dei consumatori, promuovere l'integrità del mercato e affrontare i rischi potenziali. La natura dinamica e in rapida evoluzione dell'ecosistema delle criptovalute rende difficile tenere il passo con i nuovi sviluppi tecnologici e i casi d'uso. Per guidare una regolamentazione efficace in questo settore, i sandbox normativi, le procedure di consultazione e la collaborazione tra regolatori, stakeholder del settore e accademia sono tutti utili.

Per utenti, aziende e regolatori, le incertezze legali intorno a Bitcoin presentano difficoltà. La classificazione, lo status legale e l'applicazione delle leggi e delle normative esistenti possono variare notevolmente tra le diverse giurisdizioni. Tuttavia, negli ultimi anni, diversi paesi hanno iniziato a creare quadri legali su misura per le criptovalute. Questi quadri definiscono i requisiti normativi, chiariscono come le criptovalute dovrebbero essere gestite e aumentano la certezza legale per i partecipanti al mercato.

È cruciale lavorare sulla coordinazione e armonizzazione globale per affrontare le questioni normative di Bitcoin. Organizzazioni internazionali come la Financial Action Task Force (FATF) e la International Organization of Securities Commissions (IOSCO) stanno lavorando per creare regolamenti e standard per le criptovalute. Queste iniziative mirano a promuovere la cooperazione internazionale, scambiare le migliori pratiche e armonizzare gli approcci normativi per migliorare la coerenza e la prevedibilità dell'ambiente normativo per Bitcoin.

I rischi associati al quadro legale e normativo di Bitcoin riflettono le opportunità e le sfide che esso presenta. Gli utenti, le aziende e i regolatori che vogliono interagire con Bitcoin su scala globale affrontano difficoltà a causa del panorama normativo complesso e frammentato. I regolatori devono trovare il giusto equilibrio tra innovazione, protezione dei consumatori, stabilità finanziaria e lotta alle attività illecite. Tuttavia, le iniziative di coordinamento internazionale, armonizzazione e creazione di quadri legali specifici per le criptovalute sono passi positivi. Il futuro di Bitcoin sarà determinato da come si svilupperà l'ambiente normativo, mentre i regolatori cercano di trovare un equilibrio tra l'incoraggiamento dell'innovazione e il controllo dei rischi in questa era digitale rivoluzionaria.

CAPITOLO VI

Portafogli e Scambi di Bitcoin

Tipi di Portafogli Bitcoin

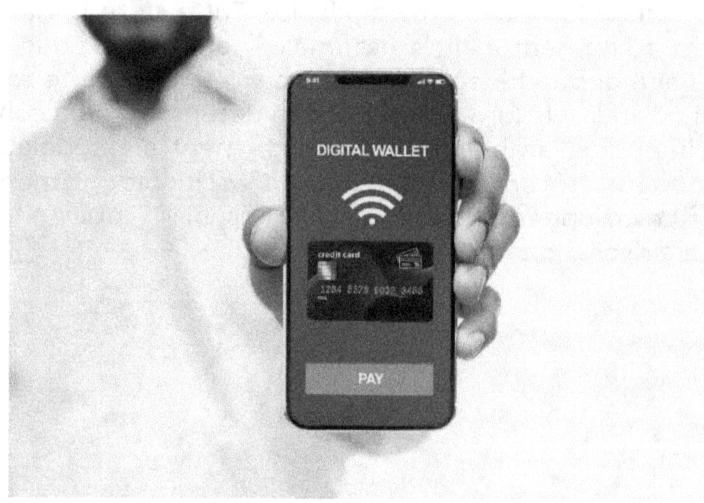

Per salvaguardare i fondi degli utenti, Bitcoin, la prima valuta digitale decentralizzata, necessita di opzioni di archiviazione sicure. La memorizzazione, la gestione e l'accesso ai fondi in Bitcoin dipendono dai portafogli Bitcoin. Esistono diversi tipi di portafogli Bitcoin, ciascuno con caratteristiche speciali, funzioni di sicurezza e compromessi. Questa sezione indaga la gamma di portafogli Bitcoin, esaminando vari tipi, le loro caratteristiche e le implicazioni per la comodità e la sicurezza degli utenti.

Gli utenti possono memorizzare e gestire i loro fondi in Bitcoin utilizzando strumenti digitali chiamati portafogli Bitcoin. Sebbene siano chiamati portafogli, in realtà contengono solo le chiavi private necessarie per accedere e controllare i fondi collegati a un determinato indirizzo Bitcoin. I portafogli si dividono principalmente in due categorie: hot wallet e cold wallet.

Gli hot wallet offrono un facile accesso ai fondi in Bitcoin e sono connessi a Internet. Sono disponibili in diverse forme, come portafogli desktop, portafogli mobili e portafogli web, e sono tipicamente basati su software. Gli hot wallet offrono accessibilità, consentendo agli utenti di gestire rapidamente e facilmente i loro fondi su vari dispositivi. Tuttavia, la loro comodità comporta alcuni compromessi in termini di sicurezza, data la loro maggiore suscettibilità a malware, phishing e attacchi di hacking. Quando si utilizzano hot wallet, gli utenti dovrebbero essere cauti e adottare ulteriori precauzioni di sicurezza.

I portafogli desktop sono programmi che vengono scaricati e installati su un laptop o un computer. Consentono la memorizzazione offline di Bitcoin e danno agli utenti accesso alle loro chiavi private. I portafogli desktop possono essere ulteriormente suddivisi in portafogli full node e portafogli leggeri. I portafogli full node scaricano e mantengono l'intera blockchain di Bitcoin, offrendo agli utenti un alto livello di sicurezza e privacy. I portafogli leggeri, noti anche come portafogli SPV (Simplified Payment Verification), si affidano a server affidabili per convalidare le transazioni invece di scaricare l'intera blockchain.

I portafogli mobili sono applicazioni progettate specificamente per smartphone e tablet che consentono agli utenti di gestire comodamente i loro Bitcoin in movimento. Offrono un'interfaccia user-friendly e spesso includono funzionalità aggiuntive come la scansione dei codici QR per avviare rapidamente le transazioni. I portafogli mobili possono essere custodiali o non custodiali. I portafogli custodiali memorizzano le chiavi private degli utenti su server remoti, mentre i portafogli non custodiali danno agli utenti il pieno controllo delle loro chiavi. I portafogli mobili non custodiali offrono livelli di sicurezza più elevati, ma richiedono backup e recupero da parte dell'utente.

I portafogli web, noti anche come portafogli online, sono accessibili da qualsiasi dispositivo con connessione a Internet e funzionano tramite browser web. Offrono agli utenti la comodità di avere accesso costante ai loro fondi in Bitcoin senza la necessità di installare software. I portafogli web, tuttavia, presentano un livello di rischio più elevato poiché gli utenti devono fidarsi delle misure di sicurezza messe in atto dal fornitore del servizio di portafoglio. Gli utenti dovrebbero essere cauti nella scelta di portafogli web affidabili con protocolli di sicurezza robusti e assicurarsi di connettersi ai loro portafogli utilizzando connessioni sicure.

Conservando le chiavi private offline, i cold wallet, noti anche come portafogli hardware o portafogli offline, offrono una maggiore sicurezza. Sono oggetti fisici progettati per memorizzare Bitcoin in modo sicuro, riducendo il rischio di attacchi online. I cold wallet impiegano tipicamente una forte crittografia per generare e memorizzare le chiavi private in un ambiente sicuro. Quando sono in uso, non sono connessi a Internet, il che riduce notevolmente il rischio di attacchi malware o hacking. I cold wallet sono consigliati per la conservazione a lungo termine di Bitcoin o per importi significativi di fondi.

Le chiavi private sono memorizzate in modo sicuro nei portafogli hardware, che sono dispositivi compatti che spesso somigliano a chiavette USB. Hanno meccanismi crittografici integrati per la generazione e la gestione delle chiavi, oltre a un componente sicuro per prevenire l'estrazione delle chiavi. I portafogli hardware offrono tipicamente un'integrazione conveniente con i portafogli

Bitcoin più noti e sono compatibili con una varietà di portafogli software. I portafogli hardware offrono agli utenti un alto livello di sicurezza anche quando sono collegati a dispositivi potenzialmente vulnerabili poiché le chiavi private sono conservate offline.

I portafogli cartacei sono copie stampate o copie fisiche delle chiavi private e pubbliche di un utente per Bitcoin. Vengono creati e memorizzati come documenti fisici utilizzando software specializzati o strumenti offline. Poiché le chiavi non sono memorizzate digitalmente, i portafogli cartacei sono al sicuro dagli attacchi online. Devono essere gestiti con cura e protetti dalla perdita, dai danni e dall'accesso non autorizzato. Per evitare la compromissione delle chiavi, gli utenti devono assicurarsi che il processo di creazione dei portafogli cartacei sia effettuato in modo sicuro, preferibilmente su un dispositivo offline.

Quando si utilizza un brain wallet, l'utente memorizza una passphrase dalla quale viene generata la chiave privata. Il portafoglio può essere ricreato inserendo la passphrase, ma la chiave privata non viene conservata da nessuna parte. I brain wallet semplificano la memorizzazione delle chiavi private senza la necessità di archiviazione fisica o digitale, ma se la passphrase non è sufficientemente robusta, possono essere soggetti ad attacchi di forza bruta o indovinamento della passphrase. Quando si utilizza un brain wallet, è fondamentale utilizzare una passphrase forte e unica.

Combinando le caratteristiche dei hot wallet e dei cold wallet, i portafogli ibridi cercano di bilanciare la convenienza con la sicurezza. Offrono accessibilità e facilità d'uso consentendo agli utenti di gestire i loro fondi in modo sicuro. Un portafoglio ibrido è uno che memorizza le chiavi private su un dispositivo hardware e si collega a portafogli software per l'elaborazione delle transazioni. Questo metodo offre i vantaggi dell'archiviazione offline delle chiavi e la flessibilità delle interfacce basate su software.

Per conservare e gestire in modo sicuro i fondi in Bitcoin degli utenti, i portafogli Bitcoin sono essenziali. I hot wallet offrono una varietà di opzioni basate su software, inclusi portafogli desktop, portafogli mobili e portafogli web, e offrono un accesso conveniente ai fondi. I hot wallet sono pratici, ma presentano compromessi di sicurezza e richiedono misure di sicurezza aggiuntive da parte degli utenti. Conservando le chiavi private offline, i cold wallet, come i portafogli hardware e i portafogli cartacei, offrono una maggiore sicurezza. Sono consigliati per la conservazione a lungo termine di Bitcoin o per importi più consistenti di Bitcoin. Combinando aspetti dei hot wallet e dei cold wallet, i portafogli ibridi bilanciano la sicurezza e la convenienza. La scelta del miglior portafoglio Bitcoin dipenderà dalle preferenze personali, dalle esigenze di sicurezza e da come si intende utilizzare i fondi. Gli utenti devono essere consapevoli delle caratteristiche, dei vantaggi e dei compromessi dei vari tipi di portafogli per fare scelte sagge e proteggere i loro fondi in Bitcoin nel rapido mutamento del mondo digitale.

Come Scegliere il Miglior Portafoglio Bitcoin

Per chi entra nel mondo delle criptovalute, scegliere il miglior portafoglio Bitcoin è una decisione importante. Il primo passo per gestire e proteggere i propri fondi in Bitcoin è utilizzare un portafoglio Bitcoin. Scegliere il miglior portafoglio può essere difficile, dato il numero di opzioni disponibili. Questa sezione offre una panoramica completa per aiutare gli utenti a navigare nella varietà di portafogli Bitcoin, comprendere gli elementi critici da considerare e prendere una decisione informata in base alle proprie esigenze e preferenze.

Prima di iniziare il processo di selezione, è fondamentale comprendere i vari tipi di portafogli Bitcoin e i compromessi che offrono. I portafogli Bitcoin possono essere ampiamente suddivisi in due categorie principali: hot wallet e cold wallet. Gli hot wallet, come i portafogli desktop, mobili e web, facilitano l'accesso ai Bitcoin, ma comportano compromessi in termini di sicurezza. I cold wallet, come i portafogli hardware e cartacei, danno priorità alla sicurezza, ma possono sacrificare parte della comodità. I portafogli ibridi combinano caratteristiche di hot wallet e cold wallet, cercando di bilanciare comodità e sicurezza.

Quando si seleziona un portafoglio Bitcoin, la sicurezza deve essere la priorità assoluta. La protezione dei propri fondi in Bitcoin da hacking, attacchi malware e altri tipi di accesso non autorizzato dipende dalla sicurezza del portafoglio. Quando si valuta la sicurezza di un portafoglio, considerare i seguenti aspetti:

Assicurarsi di avere il controllo completo delle chiavi private. Alcuni portafogli custodiscono le chiavi private per conto dell'utente, specialmente i portafogli custodiali. Sebbene questo possa essere conveniente, implica che si sta affidando la sicurezza dei propri fondi a una terza parte. Al contrario, i portafogli non custodiali danno il pieno controllo delle chiavi private, riducendo il rischio di accesso non autorizzato.

Cercare portafogli che utilizzino misure di sicurezza avanzate come crittografia, funzionalità di backup e autenticazione a più fattori (MFA). L'MFA aggiunge un ulteriore livello di sicurezza richiedendo più forme di identificazione prima di consentire l'accesso al portafoglio. Anche in caso di compromissione del dispositivo o del file del portafoglio, la crittografia assicura che le chiavi private siano archiviate in modo sicuro. Se il dispositivo viene perso o danneggiato, è possibile ripristinare il portafoglio utilizzando opzioni di backup come frasi di recupero o chiavi di ripristino.

Considerare il feedback degli utenti e la reputazione del portafoglio durante la ricerca. Cercare portafogli con una solida storia di sicurezza e clienti soddisfatti. Gruppi sui social media, forum online e comunità di criptovalute possono offrire informazioni utili sulla sicurezza e l'affidabilità di varie opzioni di portafogli.

Se si intende utilizzare Bitcoin per transazioni regolari, la comodità e l'esperienza utente sono considerazioni cruciali. Considerare i seguenti fattori:

Considerare l'interfaccia utente del portafoglio. Un'interfaccia chiara, semplice e user-friendly facilita la navigazione e la gestione dei propri fondi in Bitcoin. Cercare un portafoglio con una schermata di transazione chiara, funzionalità facili da usare e impostazioni complete. Verificare la compatibilità del portafoglio con i propri dispositivi. Assicurarsi che il portafoglio abbia versioni disponibili per i dispositivi che si intende utilizzare e che supporti il proprio sistema operativo (Windows, macOS, Linux, iOS, Android).

Considerare la facilità d'uso e la velocità delle transazioni del portafoglio. Cercare portafogli che offrano conferme rapide delle transazioni e flussi di lavoro semplici per le transazioni. L'esperienza utente può essere migliorata da portafogli che includono funzionalità come la gestione della rubrica, la scansione dei codici QR e la cronologia delle transazioni.

In caso di perdita, danneggiamento o furto del dispositivo, avere opzioni di backup e recupero è essenziale per proteggere i propri investimenti in Bitcoin. Pensare ai seguenti aspetti:

Le frasi di recupero o le chiavi di ripristino sono set di parole che fungono da backup per le proprie chiavi private. Queste frasi permettono di recuperare il portafoglio su un nuovo dispositivo o in caso di perdita dei dati. Assicurarsi che il portafoglio scelto offra un processo di generazione e conservazione delle frasi di recupero semplice e sicuro.

Considerare l'accessibilità e la ridondanza delle proprie opzioni di backup. Conservando il backup in diversi luoghi sicuri, come backup digitali criptati e copie fisiche conservate in un luogo sicuro, è possibile recuperare i fondi anche se un backup è corrotto o inaccessibile.

Considerare il supporto e lo sviluppo della comunità del portafoglio. Aggiornamenti regolari e comunità attive indicano che il portafoglio è attivamente mantenuto, con miglioramenti e correzioni di bug costanti. Partecipare alla comunità può dare accesso a risorse, supporto e agli ultimi sviluppi nell'ecosistema dei portafogli.

Valutare la reputazione e l'affidabilità del fornitore del portafoglio. Cercare portafogli sviluppati da aziende o individui affidabili con una solida esperienza nel settore delle criptovalute. Considerare aspetti come la storia del fornitore del portafoglio, le recensioni di sicurezza, la natura open-source e la trasparenza del processo di sviluppo.

Se si intende utilizzare Bitcoin in un ambiente regolamentato, prestare attenzione alla conformità normativa del fornitore del portafoglio. Assicurarsi che il portafoglio sia conforme alle normative Know Your Customer (KYC) e Anti-Money Laundering (AML) applicabili, specialmente se si prevede di lavorare con exchange o altre entità regolamentate.

Esaminare il supporto del portafoglio per diverse criptovalute se si intende diversificare il proprio portafoglio di criptovalute. Mentre alcuni portafogli supportano una varietà di criptovalute, altri supportano solo Bitcoin. Avere un portafoglio che supporta più criptovalute può essere flessibile e conveniente se si decide di esplorare altri asset digitali in futuro.

Analizzare le commissioni e i costi associati al portafoglio. Mentre alcuni portafogli sono gratuiti, altri potrebbero imporre commissioni di transazione o commissioni mensili per funzionalità extra. Assicurarsi che la struttura delle commissioni sia adatta ai propri modelli di utilizzo e budget.

La sicurezza, l'usabilità, le opzioni di backup, il supporto della comunità, la reputazione, la conformità normativa e il supporto per più criptovalute devono essere attentamente considerati quando si seleziona il miglior portafoglio Bitcoin. Gli utenti possono scegliere un portafoglio che soddisfi le loro esigenze e preferenze uniche comprendendo i vari tipi di portafogli disponibili e valutando i compromessi. Data la rapida evoluzione del panorama delle criptovalute e della tecnologia dei portafogli, è cruciale valutare regolarmente le capacità di sicurezza e la funzionalità del portafoglio scelto. Alla fine, il miglior portafoglio Bitcoin è quello che offre un'esperienza utente sicura e semplice, consentendo di gestire e proteggere i propri fondi in Bitcoin con fiducia nel continuo espandersi del mondo digitale.

Panoramica degli Scambi Bitcoin

Nell'ecosistema delle criptovalute, gli scambi di Bitcoin sono essenziali perché rendono più semplice comprare, vendere e scambiare la criptovaluta e altri asset digitali. Gli utenti hanno accesso alla liquidità, alla scoperta dei prezzi e a una varietà di strumenti di trading grazie a queste piattaforme. Per coloro che desiderano entrare nel mondo del trading di asset digitali, è cruciale comprendere le caratteristiche, le precauzioni di sicurezza e la conformità normativa dei vari scambi di Bitcoin attualmente disponibili. Questa sezione esplora i vari tipi di scambi di Bitcoin, fornisce una panoramica di essi e discute i criteri da prendere in considerazione nella selezione di uno scambio.

In base ai loro processi di trading e alle loro strutture organizzative, gli scambi di Bitcoin possono essere suddivisi in diverse categorie. Gli utenti possono scegliere gli scambi che meglio si adattano alle loro esigenze e preferenze comprendendo i vari tipi. Gli scambi che trattano frequentemente Bitcoin includono:

Il tipo più tipico di scambi di Bitcoin sono chiamati scambi centralizzati (CEX). Sul loro piattaforme, agiscono come intermediari, facilitando l'acquisto e la vendita di criptovalute. I CEX detengono la criptovaluta degli utenti in portafogli sotto la gestione dello scambio, agendo come custodi dei loro soldi. Questi scambi offrono un'interfaccia utente amichevole, liquidità e una selezione di funzionalità di trading. Tuttavia, utilizzare gli scambi centralizzati richiede di avere fiducia nei protocolli di sicurezza e nella conformità normativa dello scambio stesso.

Sulle reti blockchain, gli scambi decentralizzati (DEX) consentono il trading peer-to-peer senza l'uso di intermediari. Gli utenti di DEX mantengono piena autorità sui propri fondi e chiavi private, scambiando direttamente dai loro portafogli. I DEX cercano di migliorare la privacy e la sicurezza dell'utente eliminando la necessità di intermediari. Tuttavia, rispetto agli scambi centralizzati, i DEX hanno spesso meno liquidità e meno funzionalità di trading.

Gli scambi peer-to-peer (P2P) consentono il trading diretto di criptovalute tra acquirenti e venditori mettendoli in contatto direttamente. Ciò elimina la necessità di una piattaforma centralizzata. Gli scambi P2P offrono un mercato pubblico dove gli utenti possono elencare Bitcoin in vendita o acquisto. Questi scambi forniscono maggiore privacy perché gli utenti non sono tenuti a fornirsi reciproci informazioni personali. Gli scambi P2P, tuttavia, potrebbero avere meno liquidità e richiedere agli utenti di fare ricerca sui loro partner commerciali.

Piattaforme di intermediazione offrono un metodo semplice e user-friendly per acquistare e vendere Bitcoin. Questi siti web agiscono come intermediari, consentendo agli utenti di pagare un prezzo fisso direttamente sul sito web per acquistare Bitcoin. Per gli utenti che desiderano un processo di acquisto semplice senza i problemi del trading su uno scambio, le piattaforme di intermediazione sono ideali. Tuttavia, rispetto agli scambi convenzionali, le piattaforme di intermediazione spesso applicano commissioni più elevate e offrono meno funzionalità di trading.

Per garantire la migliore esperienza di trading e la sicurezza finanziaria, è importante prendere in considerazione diversi fattori nella scelta di uno scambio di Bitcoin. Di seguito sono elencati gli aspetti importanti da considerare:

Quando si seleziona uno scambio, la sicurezza è molto importante. Assicurarsi che gli scambi utilizzati abbiano robusti protocolli di sicurezza in atto, come l'autenticazione a due fattori (2FA), la crittografia, la conservazione a freddo dei fondi e audit di sicurezza periodici. Gli scambi che hanno un passato di violazioni della sicurezza o mancanza di trasparenza nei loro procedure di sicurezza dovrebbero essere evitati a tutti i costi.

Controlla se lo scambio è conforme alle leggi applicabili nella tua giurisdizione. Le procedure di Conosci il tuo Cliente (KYC) e Antiriciclaggio (AML) vengono frequentemente utilizzate dagli scambi che danno alta priorità alla conformità normativa per confermare le identità degli utenti e prevenire attività illegali. La conformità ai requisiti normativi migliora la credibilità e l'affidabilità di uno scambio.

Il trading ha bisogno di liquidità per funzionare senza intoppi. Gli ordini di acquisto e vendita possono essere eseguiti rapidamente e a prezzi competitivi sugli scambi con alta liquidità. Una maggiore liquidità migliora le condizioni di trading e riduce il rischio di slippage. Paragonando gli scambi centralizzati popolari alle piattaforme decentralizzate o peer-to-peer, la liquidità è tipicamente più alta sugli scambi centralizzati.

Analizza l'interfaccia utente dello scambio e l'esperienza complessiva dell'utente. La tua esperienza di trading può essere migliorata da un'interfaccia semplice e user-friendly supportata da una varietà di tipi di ordine e strumenti di trading. Cerca scambi che offrano una navigazione semplice, dati di mercato comprensibili e un attento supporto clienti.

Pensa alla varietà di criptovalute supportate dall'exchange. Sebbene Bitcoin sia spesso il focus principale, se desideri diversificare il tuo portafoglio, assicurati che lo scambio supporti anche altri asset digitali di valore. Il tuo processo di trading può essere semplificato se hai accesso a una varietà di criptovalute su una piattaforma singola.

Analizza il piano tariffario dello scambio. Le commissioni vengono frequentemente addebitate dagli scambi per il trading, i depositi e i prelievi. Cerca scambi con piani tariffari chiari e tariffe convenienti. Pensa a come le commissioni influenzeranno la tua strategia di trading, specialmente se fai trading frequentemente.

Prendi in considerazione la qualità e la reattività del supporto clienti dello scambio. Un servizio clienti rapido e affidabile è essenziale, soprattutto quando ci sono difficoltà tecniche, problemi di sicurezza dell'account o irregolarità nelle transazioni. Cerca scambi che hanno un buon track record nel risolvere efficacemente i problemi degli utenti e offrono una varietà di opzioni di supporto, come chat live, email o supporto telefonico.

Indaga sulla reputazione dello scambio e chiedi opinioni ad altri utenti. Le valutazioni degli utenti, i forum pubblici e le comunità dei social media possono offrire percezioni sulla affidabilità, sicurezza e esperienza generale degli utenti di vari scambi. Gli scambi con una storia di lamentele non risolte degli utenti o recensioni sfavorevoli dovrebbero essere evitati.

Il nucleo dell'ecosistema del trading di asset digitali è costituito dagli scambi di Bitcoin, che offrono agli utenti accesso alla liquidità, alla scoperta dei prezzi e a una varietà di strumenti di trading. Per un'esperienza di trading di successo, è essenziale comprendere i vari tipi di scambio e i fattori da prendere in considerazione nella scelta di uno scambio. Mentre gli scambi decentralizzati e peer-to-peer danno maggiore importanza al controllo e alla privacy dell'utente, gli scambi centralizzati offrono convenienza e liquidità. Per i compratori principianti, le piattaforme di intermediazione semplificano il processo di acquisto. È importante considerare attentamente fattori come precauzioni di sicurezza, conformità legale, liquidità, interfaccia utente, commissioni e supporto clienti. Gli utenti possono scegliere uno scambio che corrisponda ai loro obiettivi di trading, preferenze e tolleranza al rischio facendo una ricerca approfondita e esercitando diligenza, garantendo un'esperienza sicura e senza intoppi nell'entusiasmante mondo del trading di Bitcoin.

CAPITOLO VII

L'Emergenza della Finanza Decentralizzata (DeFi)

Cos'è la Finanza Decentralizzata

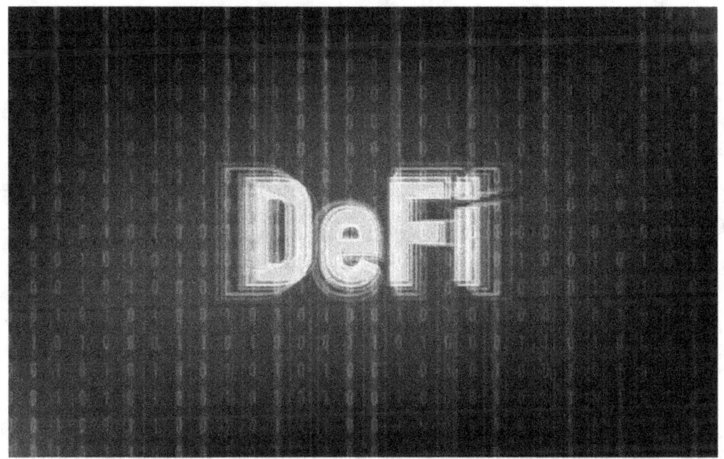

Utilizzando la tecnologia blockchain per costruire un ecosistema finanziario aperto, accessibile e trasparente, la Finanza Decentralizzata, nota anche come DeFi, sta rivoluzionando il panorama finanziario tradizionale. Contrariamente ai sistemi finanziari centralizzati convenzionali che si affidano agli intermediari, la DeFi mira ad eliminarli e a dare alle persone maggiore controllo sulle proprie risorse finanziarie. In questa sezione vengono fornite un'analisi approfondita della DeFi, i suoi principi guida, la tecnologia sottostante e il suo potenziale influsso sul futuro finanziario.

Un gruppo di piattaforme finanziarie e applicazioni costruite su reti blockchain, principalmente utilizzando contratti intelligenti, è denominato "finanza decentralizzata". Questi contratti intelligenti sono contratti autoeseguenti che hanno le proprie condizioni scritte direttamente nel codice. La DeFi vuole offrire servizi finanziari più aperti, efficaci e disponibili a un'ampia gamma di persone in tutto il mondo eliminando la necessità di intermediari.

La DeFi si distingue dalla finanza tradizionale per diversi principi guida, tra cui:

La DeFi incoraggia l'inclusività e l'apertura rendendo i servizi finanziari disponibili a chiunque abbia una connessione internet. Le piattaforme DeFi sono accessibili a tutti, offrendo opportunità di partecipazione uguali, a differenza della finanza tradizionale, che potrebbe avere barriere d'ingresso basate sulla posizione geografica, lo status economico o la verifica dell'identità.

I protocolli DeFi sono progettati per essere interoperabili, consentendo una comunicazione senza soluzione di continuità tra varie piattaforme e applicazioni. Combinando diversi elementi costitutivi della DeFi, come prestiti, prestiti, staking e scambi decentralizzati, questa componibilità consente la creazione di prodotti e servizi finanziari complessi. Gli utenti possono creare strategie finanziarie personalizzate utilizzando questi sistemi interconnessi.

Uno dei principi guida della DeFi è la trasparenza. Chiunque può verificare e controllare il funzionamento dei protocolli DeFi perché tutte le transazioni e i contratti intelligenti sono documentati su una blockchain pubblica. Questa trasparenza favorisce la fiducia degli utenti e riduce la possibilità di frodi o manipolazioni.

La DeFi dà alle persone il controllo non fiduciario delle loro proprietà. Gli utenti mantengono il pieno controllo delle proprie chiavi private e della proprietà dei loro soldi. Rimuovendo la necessità di affidare terze parti alla custodia degli asset, questo controllo riduce il rischio di controparte e promuove una maggiore indipendenza finanziaria.

L'ecosistema DeFi è composto da diversi elementi importanti:

Piattaforme chiamate scambi decentralizzati consentono agli utenti di scambiare criptovalute direttamente tra loro. Questi scambi funzionano senza intermediari e consentono agli utenti di mantenere la custodia dei propri soldi durante tutto il processo di trading. I contratti intelligenti vengono utilizzati dagli scambi decentralizzati per automatizzare l'abbinamento degli ordini e la liquidazione, garantendo un ambiente di trading efficiente e trasparente.

Gli utenti possono prestare le proprie risorse digitali e guadagnare interessi utilizzando piattaforme di prestito e prestito DeFi, oppure possono prendere in prestito risorse mettendo in garanzia. I contratti intelligenti semplificano il processo di prestito automatizzando la gestione dei depositi cauzionali e dei pagamenti degli interessi. Consentendo alle persone di partecipare a pool di prestito e accedere al capitale, queste piattaforme offrono un'alternativa alla banca tradizionale.

Le stablecoin sono valute digitali il cui valore è legato a valute più consolidate, come il dollaro statunitense, al fine di mantenere un valore stabile. Con i stablecoin, gli utenti possono effettuare transazioni e conservare valore senza preoccuparsi delle oscillazioni di prezzo volatili a cui sono soggetti altre criptovalute. I stablecoin offrono stabilità nel mercato delle criptovalute, notoriamente instabile. Nei protocolli DeFi, i stablecoin sono essenziali perché rendono possibili strategie di prestito, trading e copertura.

Utilizzando contratti intelligenti, i protocolli di assicurazione decentralizzata cercano di offrire protezione assicurativa agli utenti DeFi. Con l'aiuto di questi protocolli, gli utenti possono mettere insieme i loro soldi per proteggersi da rischi specifici come la volatilità dei prezzi degli asset o bug nei contratti intelligenti. La sicurezza delle applicazioni DeFi è aumentata e il rischio di controparte è ridotto dall'assicurazione decentralizzata.

Guadagnare ricompense attraverso la fornitura di liquidità o la sicurezza degli asset digitali nei protocolli DeFi è l'obiettivo del farming del rendimento e dello staking. Gli utenti possono bloccare i propri asset o partecipare a pool di liquidità per sostenere la sicurezza e la governance della rete. Vengono ricompensati per i loro sforzi con token extra o una parte delle commissioni di transazione. Gli utenti hanno la possibilità di ottenere profitti passivi dall'espansione delle piattaforme DeFi impegnandosi nel farming del rendimento e nello staking.

La DeFi ha il potenziale per trasformare l'industria finanziaria in vari modi.

La DeFi rende i servizi finanziari disponibili alle popolazioni non bancarizzate e sottobancarizzate di tutto il mondo. Le persone possono impegnarsi in attività di prestito, prestito e trading con una semplice connessione internet e uno smartphone. Favorire l'uguaglianza nelle opportunità di crescita economica e creazione di ricchezza, l'inclusività ha il potenziale per colmare il divario tra le economie dei paesi sviluppati e in via di sviluppo.

I sistemi finanziari tradizionali impiegano frequentemente intermediari, procedure complesse e oneri eccessivi. Eliminando intermediari e utilizzando contratti intelligenti per automatizzare le transazioni, la DeFi semplifica queste procedure. La DeFi può offrire servizi finanziari più economici, il che alla fine beneficia gli utenti finali, eliminando processi manuali e riducendo le spese amministrative.

Rispetto ai sistemi finanziari convenzionali, la DeFi offre maggiore privacy e sicurezza. Gli utenti possono interagire con le piattaforme DeFi in modo anonimo e avere il controllo delle proprie chiavi private. La tecnologia blockchain garantisce trasparenza e immutabilità, riducendo la possibilità di frodi o manipolazioni.

La DeFi dà alle persone il controllo delle proprie risorse finanziarie, dando loro potere. Senza affidarsi a istituzioni centralizzate, gli utenti possono impegnarsi in strategie di prestito, prestito e investimento. Attraverso questo potenziamento, le persone sono in grado di abbattere le barriere tradizionali e prendere il controllo del proprio futuro finanziario e della partecipazione all'economia globale.

La DeFi ha molto potenziale, ma ci sono diversi problemi e rischi di cui essere consapevoli:

I contratti intelligenti sono inclini a vulnerabilità e bug, che possono causare perdite di fondi. La difficoltà di scrivere codice di contratto intelligente combinata all'assenza di alcuna supervisione centralizzata aumenta la possibilità di falle sfruttabili. Per ridurre questi rischi, sono cruciali audit, revisioni del codice e governance guidata dalla comunità.

I quadri regolatori devono affrontare le sfide dell'evoluzione rapida del panorama DeFi. Le implicazioni regolatorie della DeFi, comprese le preoccupazioni per la protezione degli investitori, il riciclaggio di denaro e i requisiti di conoscenza del cliente, sono ancora oggetto di discussione da parte delle autorità di tutto il mondo. Innovazione e conformità legale devono coesistere in armonia affinché la DeFi possa crescere in modo sostenibile.

Il valore degli asset detenuti all'interno dei protocolli DeFi può essere influenzato dalla natura volatile del mercato delle criptovalute. Gli utenti devono essere consapevoli dei pericoli derivanti dalla volatilità di mercato e riflettere attentamente sulle loro scelte di investimento.

La Finanza Decentralizzata (DeFi) utilizza la tecnologia blockchain per costruire un ecosistema aperto, accessibile e trasparente, rappresentando un cambiamento di paradigma nel panorama finanziario convenzionale. La DeFi dà alle persone maggiore controllo sui propri asset finanziari eliminando intermediari, aprendo opportunità per l'inclusione finanziaria, risparmi di costi, privacy e sicurezza. Scambi decentralizzati, piattaforme di prestito, farming del rendimento e altre applicazioni finanziarie sono tutte sviluppate in risposta ai principi fondamentali della DeFi: apertura, interoperabilità, trasparenza e controllo non fiduciario. Tuttavia, la DeFi affronta anche rischi e difficoltà, come la volatilità di mercato, l'incertezza regolamentare e le vulnerabilità dei contratti intelligenti. Perché la DeFi sia adottata e abbia successo nel lungo periodo, sarà essenziale affrontare questi problemi e trovare un equilibrio tra innovazione e regolamentazione. L'ecosistema DeFi ha il potenziale per cambiare il panorama finanziario globalmente e dare alle persone una maggiore libertà e autonomia finanziaria man mano che si sviluppa.

Benefici e Rischi della DeFi

Decentralized Finance (DeFi), che promette di trasformare i sistemi finanziari convenzionali e dare alle persone maggiore controllo sui propri asset finanziari, è emersa come un'innovazione finanziaria rivoluzionaria. Utilizzando la tecnologia blockchain, la DeFi è in grado di stabilire un ecosistema finanziario fluido, aperto e trasparente. La DeFi ha molti vantaggi, ma presenta anche rischi e difficoltà che dovrebbero essere attentamente considerati. Questa sezione esamina i vantaggi e i rischi della DeFi, evidenziando il suo potenziale per modificare il panorama finanziario e affrontando questioni e preoccupazioni sul suo imminente sviluppo.

Il potenziale della DeFi nel promuovere l'inclusione finanziaria su scala globale è uno dei suoi vantaggi più importanti. I gruppi marginalizzati vengono spesso esclusi dai sistemi finanziari tradizionali, in particolare i non bancarizzati e sottobancarizzati che non hanno accesso ai servizi finanziari essenziali. Con l'aiuto della DeFi, gli intermediari convenzionali non sono più necessari, permettendo a chiunque abbia accesso a internet di impegnarsi in attività finanziarie come prestiti, prestiti e investimenti. Favorire l'uguaglianza nelle opportunità di crescita economica e creazione di ricchezza, l'inclusività ha il potenziale per colmare il divario tra le economie dei paesi sviluppati e in via di sviluppo.

Chiunque può utilizzare le piattaforme DeFi, indipendentemente da dove vive o dal suo status socioeconomico. È richiesta solo una connessione internet e un dispositivo compatibile per accedere e utilizzare i servizi DeFi. La DeFi utilizza anche blockchain open-source, che registrano permanentemente e trasparentemente tutte le transazioni. Riducendo la possibilità di frodi, manipolazioni e censura, questa trasparenza promuove una maggiore responsabilità e fiducia nel modo in cui i soldi vengono gestiti all'interno dell'ecosistema DeFi.

La DeFi dà alle persone più potere e proprietà sui propri asset finanziari. Utilizzando portafogli auto-custoditi e chiavi private, la DeFi consente agli utenti di mantenere la custodia dei propri asset, a differenza dei sistemi finanziari convenzionali dove gli intermediari detengono la custodia dei fondi. Rimuovendo la necessità di affidarsi a organizzazioni centralizzate per la sicurezza e la gestione dei fondi, questo controllo riduce il rischio di controparte e dà agli utenti la libertà di gestire le proprie finanze autonomamente.

I contratti intelligenti, contratti autoeseguenti che automatizzano i termini e le condizioni delle transazioni finanziarie, sono la base su cui sono costruiti i protocolli DeFi. I contratti intelligenti rendono possibile la creazione di applicazioni finanziarie programmabili, dando ai developer la possibilità di creare prodotti e servizi finanziari complessi e innovativi. Le piattaforme DeFi sono anche progettate per essere interoperabili, consentendo a varie applicazioni di comunicare tra loro senza problemi. Combinando diversi elementi costitutivi della DeFi, come prestiti, prestiti, staking e scambi decentralizzati, questa componibilità consente lo sviluppo di strategie finanziarie uniche.

I sistemi finanziari tradizionali impiegano spesso intermediari, procedure complesse e oneri eccessivi. Molte di queste inefficienze vengono eliminate dalla DeFi automatizzando le procedure utilizzando contratti intelligenti, eliminando la necessità di intermediari e riducendo i costi amministrativi. Di conseguenza, la DeFi può offrire servizi finanziari a un costo inferiore, il che porta a minori costi di transazione, meno burocrazia e tempi di regolamento più rapidi. Le persone che vivono in luoghi con accesso limitato ai servizi bancari tradizionali, dove le commissioni di transazione sono spesso più elevate, possono trarre particolare beneficio da questi risparmi di costi.

Il nucleo delle applicazioni DeFi, i contratti intelligenti, è soggetto a bug e vulnerabilità. La probabilità di difetti sfruttabili aumenta a causa della complessità del codice dei contratti intelligenti e della mancanza di controllo centralizzato. Ad esempio, errori di codifica o debolezze possono portare al furto o alla perdita di fondi. Per ridurre questi rischi, sono cruciali audit, revisioni del codice e test approfonditi. Inoltre, poiché la tecnologia blockchain è in continua evoluzione, è necessario aggiornarla e migliorarla per garantire la affidabilità e la sicurezza dei contratti intelligenti.

I quadri regolatori stanno incontrando difficoltà nel tenere il passo con i rapidi sviluppi mentre la DeFi disturba i sistemi finanziari convenzionali. Le implicazioni regolatorie della DeFi, incluse le preoccupazioni per la protezione degli investitori, la conformità al riciclaggio di denaro (AML) e i requisiti di conoscenza del cliente (KYC), sono oggetto di discussione da parte delle autorità di tutto il mondo. Perché la DeFi cresca e sia ampiamente adottata, l'innovazione e la regolamentazione devono coesistere nel giusto equilibrio. I regolatori possono dare fiducia ai partecipanti al mercato e promuovere un'innovazione etica all'interno dell'ecosistema DeFi stabilendo linee guida regolamentari chiare e approfondite.

Molte applicazioni DeFi sono costruite sul volatile mercato delle criptovalute, che è ben noto per questo. Gli utenti possono subire perdite perché il valore degli asset digitali può cambiare drasticamente in poco tempo. Le piattaforme DeFi presentano opportunità per il farming del rendimento, il prestito e la fornitura di liquidità, ma ci sono rischi legati alla volatilità intrinseca degli asset sottostanti. Gli utenti devono essere consapevoli dei rischi legati alla volatilità di mercato e fare attenzione nell'implementare strategie ad alto rischio.

La scalabilità per le applicazioni DeFi è ancora un problema. Le reti blockchain possono subire congestione e costi di transazione più elevati man mano che la base utenti si espande e aumenta la domanda di servizi finanziari decentralizzati. Inoltre, la complessità dell'interfaccia utente della piattaforma DeFi per utenti non tecnici può impedire una più ampia adozione della DeFi. È essenziale affrontare questi problemi di scalabilità e di esperienza utente se la DeFi deve essere ampiamente adottata e integrata nelle attività finanziarie regolari.

Le piattaforme DeFi spesso si integrano con protocolli e servizi esterni per offrire più funzionalità e accesso a una più ampia varietà di risorse. Tuttavia, queste integrazioni presentano rischi di sicurezza aggiuntivi. La sicurezza complessiva delle piattaforme DeFi può essere compromessa da qualsiasi difetto o vulnerabilità in questi protocolli esterni. Per mantenere la sicurezza e l'integrità complessiva dell'ecosistema DeFi, è essenziale una rigorosa valutazione e audit delle integrazioni esterne.

La DeFi è un'industria in rapido sviluppo grazie all'innovazione e alla sperimentazione costante. Sviluppatori, proprietari di aziende e ricercatori devono continuare a spingere i limiti della DeFi, esaminare nuove applicazioni e risolvere problemi man mano che si presentano. Il futuro della DeFi sarà plasmato dalla collaborazione, dallo sviluppo open-source e dalla ricerca peer-reviewed per assicurarsi che sia resiliente, sicuro e in grado di adattarsi alle dinamiche di mercato mutevoli.

I quadri regolatori continueranno a svilupparsi man mano che la DeFi diventa più ampiamente utilizzata per affrontare le particolari difficoltà poste dai sistemi finanziari decentralizzati. Per trovare un equilibrio tra innovazione, protezione degli utenti e conformità regolamentare, è essenziale la cooperazione tra gli stakeholder della DeFi e gli organismi di regolamentazione. Regolamenti chiari getteranno le basi per l'accettazione diffusa della DeFi all'interno delle strutture finanziarie attuali e per una crescita sostenibile.

L'istruzione degli utenti è fondamentale mentre la DeFi si sviluppa. Gli utenti devono essere consapevoli dei rischi posti dalle piattaforme DeFi, come i punti deboli nei contratti intelligenti, la natura volatile del mercato e la possibilità di perdite finanziarie. Per proteggere i fondi degli utenti e mantenere l'integrità dell'ecosistema DeFi, gli operatori delle piattaforme e gli sviluppatori devono dare priorità alle misure di sicurezza, sottoporsi a regolari audit e implementare le migliori pratiche.

Le piattaforme DeFi devono affrontare problemi di scalabilità e interoperabilità se vogliono essere ampiamente adottate. Utilizzando canali di pagamento e sidechain, le soluzioni di livello 2 possono ridurre il traffico sulla rete blockchain sottostante. I ponti cross-chain e altri protocolli di interoperabilità possono rendere molto più facile il trasferimento di valore e la comunicazione tra le varie reti blockchain. Con l'aiuto di queste soluzioni di scalabilità e interoperabilità, la DeFi sarà in grado di gestire volumi di transazioni più elevati riducendo anche i costi e migliorando l'esperienza utente.

La Finanza Decentralizzata (DeFi), che offre inclusione finanziaria, maggiore accessibilità, controllo aumentato ed economicità, ha il potere di modificare completamente il panorama finanziario. La DeFi ha chiari vantaggi, ma è anche importante riconoscere e gestire i rischi che comporta. È importante considerare attentamente le vulnerabilità dei contratti intelligenti, le incertezze regolamentari, la volatilità di mercato, i problemi di scalabilità e le considerazioni sulla sicurezza. Il futuro della DeFi può essere plasmato in un ecosistema finanziario resiliente, sicuro e inclusivo che offre alle persone maggiore libertà finanziaria e autonomia incoraggiando la collaborazione degli stakeholder, promuovendo l'istruzione degli utenti e mettendo in atto solide misure di sicurezza.

Applicazioni Comuni della DeFi

Sfruttando la tecnologia blockchain per sviluppare applicazioni finanziarie aperte, accessibili e trasparenti, la Finanza Decentralizzata (DeFi) ha rivoluzionato il panorama finanziario tradizionale. I contratti intelligenti sono destinati a sostituire gli intermediari in queste applicazioni, dando agli utenti maggiore controllo sulle proprie transazioni finanziarie. Questa sezione offre un'esauriente esaminazione di alcune delle applicazioni DeFi più popolari, mettendo in evidenza le loro caratteristiche, vantaggi ed effetti sull'ecosistema finanziario. Si occupa di prestiti e prestiti oltre che di scambi decentralizzati e creazione automatica di mercati.

Il fulcro della DeFi, che sta rivoluzionando il modo in cui le persone scambiano criptovalute, sono gli scambi decentralizzati. Gli scambi decentralizzati (DEX) operano su reti blockchain, consentendo lo scambio peer-to-peer senza la necessità di un terzo affidabile, a differenza degli scambi centralizzati convenzionali che si basano su intermediari per facilitare le transazioni. Per garantire trasparenza ed eliminare la possibilità di perdita di asset a seguito di attacchi agli scambi, i DEX utilizzano contratti intelligenti per automatizzare l'abbinamento degli ordini, la custodia degli asset e la liquidazione.

I DEX hanno una serie di vantaggi, tra cui:

I DEX offrono agli utenti maggiore sicurezza e privacy eliminando la necessità di depositare denaro nei portafogli degli scambi centralizzati. Gli utenti mantengono il controllo sul proprio denaro durante tutto il processo di trading, riducendo la possibilità che il loro denaro venga rubato o gestito impropriamente dagli scambi centralizzati. Inoltre, la privacy e l'anonimato degli utenti sono protetti perché non è necessario sottoporsi a lunghi procedure KYC.

I DEX danno agli utenti la piena proprietà e il controllo dei propri asset. Gli utenti possono custodire il proprio denaro in qualsiasi momento negoziando direttamente dai loro portafogli. La libertà di gestire in modo indipendente le proprie risorse finanziarie è fornita da questo modello non custodiale, che è conforme alle idee fondamentali della decentralizzazione.

I DEX utilizzano spesso pool di liquidità, in cui gli utenti depositano denaro in un pool allo scopo di facilitare il trading. Una maggiore liquidità resa possibile da questi pool garantisce che i trader possano eseguire i propri ordini a costi ragionevoli. Inoltre, i DEX danno agli utenti accesso a una varietà di asset, inclusi token di nicchia e criptovalute emergenti che potrebbero non essere offerti negli scambi centralizzati convenzionali. I DEX popolari con caratteristiche distintive e una rete blockchain sottostante includono Uniswap, SushiSwap e PancakeSwap.

Le persone possono utilizzare le piattaforme DeFi di prestito e prestito per prestare i propri asset digitali e guadagnare interessi o per prendere in prestito asset con la fornitura di garanzie. Queste piattaforme utilizzano contratti intelligenti per automatizzare le liquidazioni dei prestiti, la gestione delle garanzie e i pagamenti degli interessi. Le piattaforme DeFi di prestito offrono servizi finanziari efficaci e inclusivi eliminando il bisogno di intermediari convenzionali.

I principali vantaggi e caratteristiche delle piattaforme DeFi di prestito e prestito sono i seguenti:

Le piattaforme di prestito DeFi collegano i prestatori e i mutuatari globali, facilitando l'allocazione efficace del capitale. Gli utenti possono guadagnare interessi prestando i loro asset ai mutuatari, e i mutuatari possono accedere al capitale mettendo in garanzia. Questo pool di liquidità globale abbassa le barriere all'ingresso, specialmente per le persone nei luoghi dove i servizi bancari tradizionali sono più difficili da ottenere.

Le piattaforme di prestito DeFi spesso richiedono che i mutuatari offrano garanzie che valgono più degli asset prestati. Questa eccessiva garanzia riduce il rischio di insolvenza e garantisce che i prestatori saranno compensati in caso di mancato pagamento. I contratti intelligenti mantengono l'integrità della piattaforma di prestito e proteggono gli interessi dei prestatori mediante la liquidazione automatica delle garanzie in caso di insolvenza.

Le piattaforme di prestito DeFi utilizzano dati on-chain per valutare l'affidabilità creditizia dei potenziali mutuatari. Queste piattaforme DeFi prendono in considerazione variabili come il valore delle garanzie, la storia delle transazioni e la reputazione on-chain oltre ai tradizionali punteggi di credito. La possibilità di accedere al capitale per persone con una storia creditizia limitata è resa possibile da questa valutazione del credito decentralizzata, che supporta l'inclusione finanziaria. Compound, Aave e MakerDAO sono tre piattaforme di prestito DeFi ben note che offrono una varietà di funzionalità di prestito e prestito per diversi asset digitali.

Un elemento essenziale della DeFi sono i protocolli di automated market-making (AMM), che consentono agli scambi decentralizzati di offrire liquidità e promuovere il trading efficace. Non sono necessari ordini di acquisto e vendita e market maker centralizzati perché gli AMM abbinano automaticamente acquirenti e venditori utilizzando pool di liquidità e algoritmi.

Gli AMM hanno diversi vantaggi, tra cui:

Gli AMM utilizzano pool di liquidità per fornire liquidità continua per il trading. Gli utenti che finanziano questi pool riceveranno una parte delle commissioni di trading raccolte. Gli AMM si assicurano che i trader possano sempre eseguire i loro ordini senza dipendere dai tradizionali market maker incentivando la fornitura di liquidità.

Gli AMM utilizzano formule matematiche per calcolare i prezzi degli asset in base alla domanda e all'offerta, come ad esempio la formula del prodotto costante (utilizzata, ad esempio, dall'algoritmo Automated Market Maker di Uniswap). Con l'aiuto di questa formula, i prezzi degli asset sono garantiti per cambiare in risposta alle variazioni del volume di scambio, migliorando l'efficienza dei prezzi e riducendo l'impatto di grandi scambi sui prezzi di mercato.

Lo scambio di token è reso possibile dagli AMM all'interno dei pool di liquidità che stabiliscono. Senza utilizzare ordini di acquisto o vendita o scambi centralizzati, gli utenti possono facilmente scambiare un token con un altro. Inoltre, asset del mondo reale come immobili o opere d'arte possono essere tokenizzati utilizzando gli AMM per consentire la proprietà frazionata e la liquidità. I protocolli AMM popolari includono Uniswap, Balancer e Curve Finance, ognuno dei quali ha le proprie caratteristiche speciali e algoritmi di trading.

Le piattaforme di assicurazione decentralizzate sono progettate per offrire protezione assicurativa agli utenti DeFi, riducendo i rischi legati alla volatilità del mercato, alla perdita di asset e alle vulnerabilità dei contratti intelligenti. Queste piattaforme consentono agli utenti di mettere in comune risorse per assicurarsi contro rischi particolari utilizzando la tecnologia blockchain e i contratti intelligenti per costruire pool di assicurazione decentralizzati.

I vantaggi e le caratteristiche principali delle piattaforme di assicurazione decentralizzate includono:

La copertura assicurativa peer-to-peer è resa possibile dalle piattaforme di assicurazione decentralizzate, che eliminano la necessità che le tradizionali compagnie di assicurazione agiscano come intermediari. Gli utenti possono contribuire denaro ai pool di assicurazione per essere coperti per rischi particolari come il furto di asset o gli exploit dei contratti intelligenti. Il contratto intelligente trasferisce automaticamente i soldi alle parti assicurate in caso di richiesta valida.

La gestione delle richieste delle piattaforme di assicurazione decentralizzate è governata da contratti intelligenti, che garantiscono trasparenza ed eliminano la necessità di elaborazione manuale delle richieste. Le condizioni predefinite del contratto intelligente vengono utilizzate per convalidare le richieste. Abbassando la possibilità di frodi o rifiuti ingiusti delle richieste, questo processo di richiesta privo di fiducia migliora la sicurezza e la fiducia in tutta l'industria assicurativa.

Gli utenti possono personalizzare le polizze assicurative su piattaforme di assicurazione decentralizzate, consentendo loro di adattare la copertura alle proprie esigenze uniche. Gli utenti possono scegliere i rischi contro cui desiderano essere coperti, nonché la durata della copertura e i limiti di copertura. Grazie a questa flessibilità, gli individui possono gestire l'esposizione al rischio e proteggere i propri asset secondo necessità. Piattaforme come Nexus Mutual e Cover Protocol sono diventate popolari opzioni di assicurazione decentralizzata, coprendo una varietà di rischi comuni nell'industria DeFi.

La Finanza Decentralizzata (DeFi) ha aperto le porte a una nuova era di applicazioni finanziarie che danno alle persone più potere, accessibilità ed efficienza. Il panorama finanziario è cambiato grazie a comuni applicazioni DeFi come gli scambi decentralizzati, le piattaforme di prestito e prestito, i protocolli di automated market-making e le piattaforme di assicurazione decentralizzate. Queste applicazioni eliminano gli intermediari, migliorano la privacy e la sicurezza e consentono l'accesso globale ai servizi finanziari utilizzando la tecnologia blockchain, i contratti intelligenti e i protocolli aperti.

Sebbene ci siano molti vantaggi in queste applicazioni, è importante essere vigili e affrontare eventuali rischi, come problemi regolamentari, volatilità di mercato e vulnerabilità dei contratti intelligenti. Lo sviluppo responsabile e l'adozione su vasta scala delle applicazioni DeFi dipenderanno dall'innovazione continua, dalla cooperazione degli stakeholder e dall'educazione degli utenti.

L'ecosistema DeFi ha il potenziale per trasformare i sistemi finanziari convenzionali, democratizzare l'accesso ai servizi finanziari e dare alle persone maggiore autonomia finanziaria man mano che si sviluppa. Il potenziale per un panorama finanziario più inclusivo, efficace e decentralizzato nel futuro della DeFi è enorme, purché i rischi siano attentamente considerati e si perseguano uno sviluppo responsabile.

CAPITOLO VIII

Bitcoin nell'Ecosistema DeFi

Come Bitcoin è Utilizzato nella DeFi

Oltre a rivoluzionare l'idea di valuta digitale, la prima criptovaluta, Bitcoin, ha trovato anche spazio nell'industria in via di sviluppo della Finanza Decentralizzata (DeFi). La DeFi utilizza contratti intelligenti e tecnologia blockchain per sviluppare un ecosistema finanziario aperto, trasparente e inclusivo. Sebbene il suo utilizzo nelle applicazioni DeFi abbia aperto nuove opportunità per integrare la prima criptovaluta al mondo nel panorama finanziario decentralizzato, Bitcoin è principalmente conosciuto come deposito di valore e mezzo di scambio. Questa sezione esamina i diversi modi in cui Bitcoin viene utilizzato nella DeFi, enfatizzando il suo utilizzo come garanzia, integrazione nelle piattaforme per prestiti e prestiti, e potenziali effetti sulla direzione della finanza.

Uno dei principali modi in cui Bitcoin viene utilizzato nelle applicazioni DeFi è come garanzia. Le persone possono accedere al valore delle loro detenzioni di Bitcoin pur mantenendo la proprietà dei loro asset utilizzando Bitcoin come garanzia. All'interno dell'ecosistema DeFi, questa utilizzazione crea opportunità per il prestito, il prestito e l'uso della leva finanziaria di Bitcoin.

Gli utenti delle piattaforme di prestito DeFi possono prendere in prestito denaro mettendo in garanzia Bitcoin. I prestituari possono accedere a prestiti basati sul valore della loro garanzia bloccando i loro asset di Bitcoin in un contratto intelligente. Questo consente alle persone di prendere in prestito contro le loro detenzioni di Bitcoin senza doverle vendere, evitando potenziali implicazioni fiscali o perdite di crescita di prezzo futuro.

Anche il trading con leva finanziaria nel mercato DeFi è reso possibile utilizzando Bitcoin come garanzia. Utilizzando più denaro in prestito contro la loro garanzia di Bitcoin, gli utenti delle piattaforme di trading con leva possono aumentare l'esposizione alle variazioni del prezzo della criptovaluta. Tramite il trading con denaro preso in prestito, i trader possono amplificare i guadagni o le perdite potenziali. Tuttavia, il trading con leva finanziaria comporta alcuni rischi intrinseci, quindi è importante procedere con cautela.

Nei protocolli di automated market-making (AMM) e negli scambi decentralizzati, la garanzia Bitcoin può anche essere utilizzata per fornire liquidità. I fornitori di liquidità possono aggiungere le loro detenzioni di Bitcoin ai pool di liquidità, che facilitano il trading e ottengono profitti dalle commissioni di trading della piattaforma. I proprietari di Bitcoin possono partecipare a questo e aumentare la liquidità complessiva dell'ecosistema, generando al contempo entrate passive.

L'inclusione di Bitcoin nelle piattaforme per prestiti e prestiti nell'industria DeFi ha aperto nuovi percorsi per le persone per accedere al capitale e generare interessi sulle loro detenzioni di Bitcoin.

Le piattaforme di prestito DeFi offrono ai proprietari di Bitcoin la possibilità di prendere in prestito denaro contro i loro asset di Bitcoin, offrendo alle persone un modo per accedere alla liquidità senza dover vendere le loro detenzioni di Bitcoin. Questi prestiti sono frequentemente sovra-garantiti al fine di proteggere i creditori in caso di insolvenza. I sistemi bancari tradizionali possono essere sostituiti da prestiti garantiti da Bitcoin, che danno anche agli utenti l'opportunità di accedere al valore dei loro asset di Bitcoin senza rinunciare alla proprietà.

Utilizzando le loro detenzioni di Bitcoin, i proprietari di Bitcoin possono anche partecipare alla generazione di rendimento all'interno della DeFi. Il farming di rendimento, noto anche come mining di liquidità, comporta la fornitura di liquidità a diversi protocolli DeFi in cambio di più token o ricompense. Aggiungendo i loro Bitcoin ai pool di liquidità, i proprietari della criptovaluta possono sfruttare le loro detenzioni e ricevere ricompense in base all'attività di trading della piattaforma e alle commissioni di transazione.

L'utilizzo di Bitcoin nella DeFi ha il potenziale per alterare drasticamente il panorama finanziario in diversi modi:

Le persone che possiedono Bitcoin possono ora accedere a una varietà di servizi finanziari che in precedenza non erano disponibili o limitati nei sistemi finanziari convenzionali grazie all'integrazione di Bitcoin nelle applicazioni DeFi. Chiunque abbia una connessione internet può utilizzare la DeFi per superare le restrizioni geografiche e partecipare a prestiti, prestiti e altre attività finanziarie utilizzando i propri asset in Bitcoin. Questa migliore accessibilità favorisce l'inclusione finanziaria e dà potere alle persone che potrebbero non avere facile accesso ai servizi bancari tradizionali.

Le persone hanno un modo per diversificare i loro portafogli di investimento e gestire i rischi grazie all'uso di Bitcoin nella DeFi. Le persone possono utilizzare le loro detenzioni di Bitcoin come garanzia, partecipare alla generazione di rendimento e accedere a vari strumenti finanziari per generare reddito passivo. Riducendo i rischi legati al possesso di una singola classe di attività, come Bitcoin, la diversificazione può potenzialmente migliorare le performance del portafoglio.

L'incorporazione della DeFi di Bitcoin colma il divario tra la finanza convenzionale e il settore finanziario digitale in via di sviluppo. Consente alle persone di sfruttare i vantaggi di Bitcoin come deposito di valore e i profitti potenziali all'interno dell'ecosistema DeFi. Poiché cercano di combinare i vantaggi di entrambi i mondi, questa integrazione apre la porta a una maggiore interazione e sinergia tra le istituzioni finanziarie consolidate e l'industria della finanza decentralizzata.

Anche se ci sono molti vantaggi nell'utilizzare Bitcoin nella DeFi, ci sono anche alcuni problemi e difficoltà che devono essere risolti:

È cruciale che i contratti intelligenti che regolano l'uso di Bitcoin come garanzia nelle applicazioni DeFi siano sicuri. Gli asset Bitcoin possono essere persi a causa di violazioni della sicurezza e vulnerabilità dei contratti intelligenti. Per ridurre questi rischi e garantire l'integrità delle piattaforme DeFi, sono imperativi audit costanti, revisioni del codice e solide misure di sicurezza.

L'utilizzo di Bitcoin come garanzia o per generare rendimento in applicazioni DeFi comporta rischi legati alla sua intrinseca volatilità dei prezzi. Forti oscillazioni dei prezzi possono causare liquidazioni o potenziali perdite. I partecipanti devono valutare attentamente il proprio livello di tolleranza al rischio e mettere in atto piani di emergenza per ridurre gli effetti della volatilità dei prezzi.

Le questioni regolamentari sono sollevate dall'inclusione di Bitcoin nella DeFi, in particolare in relazione alle leggi sulla conoscenza del cliente (KYC) e contro il riciclaggio di denaro (AML). I quadri regolamentari probabilmente cambieranno man mano che la DeFi si sviluppa per affrontare le difficoltà e le opportunità specifiche generate da questo settore in via di sviluppo. Per garantire la sostenibilità e la legittimità dell'ecosistema, i partecipanti allo spazio DeFi devono essere consapevoli del cambiamento del panorama regolamentare e assicurare la conformità alle leggi applicabili.

Il potenziale di sfruttare il valore di Bitcoin e partecipare all'ambiente finanziario decentralizzato è aumentato con l'uso di Bitcoin nelle applicazioni DeFi. Bitcoin consente la generazione di rendimento all'interno delle piattaforme DeFi, funge da garanzia e facilita il prestito e il prestito. L'aumentata accessibilità, la diversificazione e il colmare del divario tra la finanza convenzionale e l'ecosistema della finanza digitale sono resi possibili dall'inclusione di Bitcoin nella DeFi. Tuttavia, per garantire la crescita sostenibile e l'adozione di Bitcoin all'interno dello spazio DeFi, è necessario affrontare attentamente fattori come rischi di sicurezza, volatilità dei prezzi e conformità regolamentare. Dando alle persone più controllo, accessibilità e autonomia sui loro asset e attività finanziarie, Bitcoin e DeFi hanno il potenziale per ridisegnare il panorama finanziario mentre si sviluppano.

Bitcoin Avvolto (WBTC) e Altre Soluzioni

La criptovaluta originale, Bitcoin, ha guadagnato popolarità in tutto il mondo come mezzo di scambio e deposito di valore. Tuttavia, quando si tratta di capacità di programmazione e compatibilità con altre reti blockchain, il blockchain nativo di Bitcoin è limitato. Sono state create diverse soluzioni per colmare il divario tra il Bitcoin e altri ecosistemi blockchain al fine di aggirare queste restrizioni. Wrapped Bitcoin (WBTC), un token basato su Ethereum che rappresenta il Bitcoin sulla rete Ethereum, è una di queste soluzioni. Questa sezione esamina l'idea di Wrapped Bitcoin e altre soluzioni che rendono possibile l'integrazione di Bitcoin nell'ecosistema Ethereum, nonché i loro vantaggi, svantaggi e effetti sul panorama blockchain più ampio.

Wrapped Bitcoin (WBTC) è un token ERC-20 basato sul blockchain di Ethereum che replica il Bitcoin in un rapporto 1:1. Un gruppo di custodi detiene una quantità equivalente di Bitcoin in custodia per ogni token WBTC. Il primo passo nel processo di wrapping è depositare Bitcoin presso un custode, che crea quindi una quantità equivalente di WBTC sulla rete Ethereum. Questo consente agli utenti di utilizzare il valore del Bitcoin all'interno dell'ecosistema Ethereum, creando una varietà di opportunità per le applicazioni decentralizzate (dApps) e la finanza decentralizzata (DeFi).

L'integrazione del Bitcoin nell'ecosistema Ethereum attraverso WBTC offre i seguenti vantaggi:

La programmabilità e l'interoperabilità tra le due reti blockchain sono rese possibili dall'integrazione del Bitcoin in Ethereum tramite WBTC. Precedentemente limitato agli asset nativi di Ethereum, WBTC può ora essere utilizzato in contratti intelligenti basati su Ethereum, dApps e protocolli DeFi perché è un token ERC-20. Con questa integrazione, i casi d'uso e l'utilità del Bitcoin all'interno del più ampio ecosistema Ethereum sono aumentati. I detentori di Bitcoin possono utilizzare le loro detenzioni per partecipare all'attivo ecosistema DeFi di Ethereum incapsulando i loro Bitcoin in WBTC. Nei protocolli di prestito e prestito, nella fornitura di liquidità negli scambi decentralizzati (DEXs) e nel yield farming nei protocolli DeFi, WBTC può essere utilizzato come garanzia. Senza dover vendere le proprie detenzioni di Bitcoin, questa integrazione consente agli utenti di sfruttare i vantaggi e le possibilità offerti da DeFi.

Il lancio di WBTC migliora l'efficacia e la liquidità degli scambi sui mercati di Bitcoin ed Ethereum. WBTC offre ai possessori di Bitcoin l'accesso alla liquidità dell'ecosistema Ethereum agendo come rappresentante del Bitcoin sulla rete Ethereum. Questa liquidità è particolarmente vantaggiosa quando si scambiano Bitcoin con altri asset basati su Ethereum, poiché crea nuove coppie di scambio e opportunità sugli scambi decentralizzati.

Anche se l'uso di wrapped bitcoin ha molti vantaggi, ci sono alcune difficoltà e cose da tenere presente:

Wrapped Bitcoin affida un gruppo di custodi a detenere e amministrare le riserve di Bitcoin sottostanti. Di conseguenza, gli utenti devono avere un certo livello di fiducia nei custodi per gestire in modo sicuro i loro Bitcoin. Tuttavia, questi rischi possono essere ridotti utilizzando custodi affidabili e forti misure di sicurezza.

Poiché i custodi detengono le riserve di Bitcoin e hanno il potere di emettere e bruciare i token WBTC, il modello di custodia di Wrapped Bitcoin introduce un certo grado di centralizzazione. La natura decentralizzata di Bitcoin ed Ethereum contrasta con questo aspetto centralizzato. È fondamentale prendere in considerazione il compromesso tra i vantaggi dell'interoperabilità e eventuali rischi associati alla centralizzazione.

Oltre a Wrapped Bitcoin, esistono altre approcci per integrare Bitcoin nell'ecosistema Ethereum. Queste soluzioni offrono diverse strategie per colmare il divario tra le due ben note blockchain:

Scambi atomici consentono lo scambio diretto tra Bitcoin e token Ethereum senza l'uso di intermediari o scambi centralizzati. Utilizzando contratti intelligenti, gli scambi atomici permettono scambi peer-to-peer tra le due reti blockchain, garantendo che lo scambio avvenga senza che gli utenti debbano affidare i loro asset a terze parti. Questi scambi favoriscono l'interoperabilità e la decentralizzazione.

Sidechain offrono un metodo aggiuntivo per integrare Bitcoin in Ethereum stabilendo reti blockchain indipendenti collegate al blockchain di Bitcoin. Gli utenti possono trasferire Bitcoin dal blockchain principale di Bitcoin a un blockchain secondario utilizzando sidechain, dove può essere utilizzato per una varietà di applicazioni come contratti intelligenti e applicazioni DeFi. Questa strategia aumenta la flessibilità e la programmabilità mentre preserva la sicurezza e l'integrità del network Bitcoin.

Soluzioni di Layer 2 cercano di risolvere i problemi di scalabilità sia di Bitcoin che di Ethereum creando protocolli che girano sopra le blockchain primarie. Questi protocolli sfruttano la sicurezza fornita dalla blockchain sottostante per abilitare transazioni più veloci e meno costose. Le soluzioni di Layer 2, come il Lightning Network per Bitcoin e le varie soluzioni di scalabilità per Ethereum, potrebbero facilitare l'interoperabilità e aumentare l'efficacia dell'uso di Bitcoin nell'ecosistema Ethereum.

L'integrazione di Bitcoin nell'ecosistema Ethereum attraverso strumenti come Wrapped Bitcoin e altri meccanismi di interoperabilità avrà un impatto significativo sul panorama delle blockchain:

Il potenziale sia per sviluppatori che per utenti aumenta con l'inclusione di Bitcoin nell'ecosistema DeFi e dApp di Ethereum. Con l'integrazione di Bitcoin, l'ecosistema Ethereum ottiene accesso alla sua considerevole liquidità e alla sua consolidata reputazione, incoraggiando ulteriori innovazioni ed espansione di applicazioni e scambi decentralizzati. Attraverso questa integrazione, Ethereum potrebbe attirare più utenti e programmatori, consolidando ulteriormente la sua posizione come piattaforma blockchain di primo piano.

Collegando due dei più grandi ecosistemi blockchain, l'integrazione di Bitcoin in Ethereum migliora la liquidità cross-chain. La facilità con cui gli asset Bitcoin possono essere trasferiti nell'ecosistema Ethereum crea nuove opportunità per lo scambio, la fornitura di liquidità e altre attività finanziarie. Gli utenti possono accedere a una più ampia varietà di asset e opportunità di trading grazie a questa liquidità cross-chain, che aiuta anche ad aumentare l'efficienza del mercato.

L'adozione di Bitcoin ed Ethereum da parte delle rispettive comunità incoraggia la comunicazione e la cooperazione tra di loro. Questa cooperazione può portare allo scambio di idee, allo sviluppo di nuove tecnologie e all'indagine su nuove applicazioni blockchain. Gli sforzi congiunti di queste comunità hanno il potenziale per incoraggiare la condivisione di idee e lo sviluppo di un ecosistema blockchain più connesso e cooperativo.

L'integrazione di Bitcoin nell'ecosistema Ethereum attraverso l'uso di Wrapped Bitcoin (WBTC) e altri metodi ha creato nuove opportunità per la programmabilità, l'interoperabilità e una migliore liquidità. WBTC consente ai proprietari di Bitcoin di utilizzare le loro detenzioni per una varietà di transazioni finanziarie e partecipare all'ecosistema DeFi di Ethereum. Oltre ai protocolli di Layer 2, sono disponibili scambi atomici, sidechain e altri approcci per colmare il divario tra Ethereum e Bitcoin.

L'integrazione di Bitcoin ed Ethereum potrebbe influenzare la direzione della tecnologia blockchain e del panorama finanziario più ampio mentre queste due criptovalute continuano a svilupparsi. La collaborazione tra queste due comunità ben note ha il potenziale per incoraggiare la creatività, aumentare la liquidità cross-chain e dare vita a nuove applicazioni decentralizzate.

L'adozione di Bitcoin nell'ecosistema Ethereum segna un punto di svolta cruciale nel tentativo di creare un ecosistema blockchain più connesso e funzionale.

L'Impatto di Bitcoin sulla DeFi

La prima criptovaluta al mondo, Bitcoin, ha prodotto un impatto profondo non solo sul settore finanziario, ma anche sull'emergere e lo sviluppo della Finanza Decentralizzata (DeFi). La DeFi utilizza la tecnologia blockchain per costruire un ecosistema finanziario trasparente, inclusivo e privo di intermediari. L'industria della finanza decentralizzata è stata significativamente influenzata da Bitcoin, che ha aumentato il livello di interoperabilità, sicurezza e liquidità nel settore. Questa sezione esamina come Bitcoin ha influenzato la DeFi, sottolineando la sua importanza come riserva di valore, la sua incorporazione nelle applicazioni DeFi e il suo potenziale per cambiare il modo in cui viene fatto il finance in futuro.

Un fattore che ha contribuito all'influenza di Bitcoin sulla DeFi è il suo emergere come riserva di valore. Le caratteristiche distintive di Bitcoin, come la sua scarsità, decentralizzazione e immutabilità, lo hanno reso una valida opzione di investimento a lungo termine e oro digitale. Nell'ecosistema DeFi, Bitcoin agisce come una affidabile riserva di valore che le persone possono utilizzare per una varietà di transazioni finanziarie.

La liquidità di Bitcoin ha cambiato radicalmente la DeFi. I fornitori di liquidità sono stati attratti nello spazio DeFi dai volumi di trading elevati di Bitcoin e dalla sua reputazione come asset digitale ampiamente accettato. Grazie alla liquidità di Bitcoin, gli scambi decentralizzati (DEX) e le pool di liquidità si sono espansi, consentendo agli utenti di scambiare Bitcoin con altre criptovalute e guadagnare fornendo liquidità. Il miglioramento complessivo dell'esperienza di trading all'interno dell'ecosistema DeFi è il risultato della maggiore liquidità, che supporta mercati efficaci.

La capacità di Bitcoin di agire come riserva di valore ha reso più facile per la DeFi integrarlo nelle sue piattaforme di prestito e prestito. I proprietari di Bitcoin possono utilizzarli come garanzia per accedere al credito e ai prestiti nell'industria DeFi. Questo offre alle persone flessibilità finanziaria e liquidità consentendo loro di accedere al valore delle loro detenzioni di Bitcoin senza doverle vendere. La collateralizzazione del Bitcoin garantisce il rimborso del prestito e aggiunge un'altra garanzia ai protocolli di prestito, riducendo anche i rischi per i creditori.

Oltre alla sua funzione di riserva di valore, Bitcoin ha un impatto sulla DeFi. Le opportunità di utilizzare Bitcoin all'interno dell'ecosistema finanziario decentralizzato sono aumentate grazie alla sua integrazione in numerose applicazioni DeFi.

Bitcoin è stato più facilmente incorporato nell'ecosistema DeFi basato su Ethereum grazie a Wrapped Bitcoin (WBTC), un token ERC-20 sulla blockchain di Ethereum. Con WBTC, i proprietari di Bitcoin possono emettere un'equivalente quantità di WBTC bloccando i loro asset Bitcoin in conti custodiali, che possono poi essere utilizzati con i protocolli DeFi basati su Ethereum. Grazie a questa integrazione, i detentori di Bitcoin possono ora partecipare a attività decentralizzate di prestito, prestito e scambio, aggiungendo liquidità e valore alla rete Ethereum.

Un altro metodo per integrare Bitcoin in varie reti blockchain è attraverso ponti cross-chain. Consentendo il trasferimento di Bitcoin tra diverse blockchain, questi ponti promuovono l'interoperabilità e danno ai proprietari di Bitcoin accesso ai vantaggi e alle opportunità speciali fornite da altri ecosistemi blockchain. I ponti cross-chain incoraggiano la cooperazione tra varie blockchain e aumentano le potenziali applicazioni di Bitcoin in diverse applicazioni DeFi.

I token Bitcoin artificiali, come sBTC di Synthetix, danno agli utenti della DeFi un altro modo per accedere al valore di Bitcoin senza possedere effettivamente la valuta reale. Emittendo asset sintetici che imitano le variazioni di prezzo di Bitcoin, vengono prodotti token Bitcoin sintetici. Di conseguenza, gli utenti possono sperimentare il valore di Bitcoin all'interno delle applicazioni DeFi, sfruttando al contempo la programmabilità e l'interoperabilità della DeFi.

L'impatto di Bitcoin sulla DeFi ha il potenziale di modificare radicalmente il panorama finanziario in diversi modi:

L'effetto di Bitcoin sulla DeFi favorisce l'inclusione finanziaria dando accesso ai servizi finanziari a coloro che sono svantaggiati o esclusi dai sistemi bancari tradizionali. Grazie alla natura aperta e senza autorizzazione di Bitcoin, chiunque abbia una connessione internet può partecipare alle attività DeFi, indipendentemente dalla propria posizione o situazione finanziaria. Le persone ora hanno accesso al prestito, all'indebitamento e ad altri servizi finanziari che in precedenza erano fuori dalla loro portata.

L'effetto di Bitcoin sulla DeFi è in linea con le idee di democratizzazione e decentralizzazione. Bitcoin dà alle persone maggiore controllo sulle proprie attività finanziarie eliminando gli intermediari e consentendo transazioni peer-to-peer. La DeFi si basa su questa decentralizzazione utilizzando la tecnologia blockchain e dei contratti intelligenti per sviluppare protocolli finanziari trasparenti e affidabili. Le persone possono effettuare transazioni, risparmiare e investire senza l'interferenza di un'autorità centralizzata grazie alla combinazione di Bitcoin e DeFi.

L'impatto di Bitcoin sulla DeFi favorisce l'innovazione e la rottura nel settore finanziario convenzionale. Nuovi strumenti finanziari, modelli di business e metodi di interazione con i servizi finanziari vengono introdotti dalle applicazioni DeFi create su reti blockchain come Bitcoin e altre. Per sviluppatori e imprenditori, la programmabilità di Bitcoin e la componibilità dei protocolli DeFi aprono infinite opportunità per sviluppare soluzioni innovative che vanno contro i sistemi finanziari consolidati. Nel panorama finanziario più ampio, questa innovazione ha il potenziale di aumentare l'accessibilità, ridurre i costi e migliorare l'efficienza.

L'impatto di Bitcoin sulla DeFi non è limitato a una singola area o a un insieme di leggi. Grazie alla natura globale di Bitcoin, persone provenienti da tutto il mondo possono partecipare alle attività DeFi. Incorporando Bitcoin nelle applicazioni DeFi, le persone possono effettuare transazioni e partecipare alle attività finanziarie senza l'uso di intermediari convenzionali, creando un sistema finanziario senza confini. Questo cambiamento ha il potenziale di interrompere le strutture finanziarie consolidate e stabilire una rete finanziaria globale più accessibile, efficace e inclusiva.

Anche se Bitcoin ha un impatto significativo sulla DeFi, ci sono ancora questioni e cose da tenere in considerazione.

L'uso di Bitcoin nelle applicazioni DeFi potrebbe essere influenzato dai suoi problemi di scalabilità e congestione di rete. L'efficacia e l'usabilità di Bitcoin all'interno dei protocolli DeFi potrebbero essere limitate da commissioni di transazione elevate e tempi di conferma più lenti. La Lightning Network e altre soluzioni di Layer 2, oltre agli sviluppi nella tecnologia blockchain, saranno essenziali per affrontare questi problemi di scalabilità e migliorare l'esperienza dell'utente.

Ci sono difficoltà e incertezze a causa del cambiamento dell'ambiente normativo che circonda Bitcoin e la DeFi. I regolatori stanno lottando con il modo di gestire le implicazioni regolamentari di questi sistemi finanziari innovativi mentre la DeFi diventa sempre più popolare e l'influenza di Bitcoin cresce. Per garantire lo sviluppo a lungo termine di Bitcoin e DeFi, è cruciale trovare il giusto equilibrio tra conformità legale, protezione dell'utente e promozione dell'innovazione.

La sicurezza degli asset Bitcoin e dei contratti intelligenti utilizzati nelle applicazioni DeFi è cruciale. Anche se la tecnologia blockchain ha vantaggi in termini di sicurezza integrata, le vulnerabilità dei contratti intelligenti e possibili sfruttamenti potrebbero mettere a rischio i fondi degli utenti. Per ridurre questi rischi e garantire l'integrità dell'ecosistema DeFi, sono essenziali forti misure di sicurezza, audit frequenti e iniziative guidate dalla comunità.

Indubbiamente, Bitcoin ha avuto un impatto sulla DeFi, portando all'ecosistema finanziario decentralizzato liquidità, sicurezza e interoperabilità. Le possibilità di utilizzare Bitcoin nel panorama finanziario più ampio sono state ampliate dalla sua funzione di riserva di valore e dalla sua integrazione nelle applicazioni DeFi. Bitcoin e DeFi hanno il potenziale per ridefinire il futuro delle finanze favorendo l'inclusione finanziaria, la decentralizzazione e l'innovazione. Ciò porterebbe a un sistema finanziario più aperto, accessibile ed efficiente che dà potere alle persone di tutto il mondo. Con lo sviluppo ulteriore di Bitcoin e DeFi, la loro influenza andrà oltre le attuali limitazioni, portando a una maggiore adozione e cambiamenti nel settore finanziario.

CAPITOLO IX

Investire in Bitcoin e DeFi

Il Caso di Investimento per Bitcoin

La prima criptovaluta decentralizzata al mondo, Bitcoin, ha attratto investitori da tutto il mondo. Bitcoin ha registrato un significativo aumento di prezzo sin dalla sua nascita e, grazie alle sue caratteristiche distintive, è diventato una nuova classe di asset. In questa sezione viene esaminato il caso di investimento per Bitcoin attraverso un'analisi delle sue caratteristiche, delle tendenze di mercato e dei potenziali vantaggi e svantaggi. Vogliamo fornire una panoramica completa del perché Bitcoin abbia suscitato interesse come opportunità di investimento a lungo termine, analizzando la sua scarsità, utilità e l'adozione istituzionale in espansione.

Le caratteristiche di Bitcoin che lo rendono un desiderabile deposito di valore hanno portato all'uso frequente del termine "oro digitale". Bitcoin condivide caratteristiche con l'oro, come la scarsità, la durabilità e la fungibilità, ma ha anche vantaggi specifici dell'era digitale.

L'offerta limitata di Bitcoin è uno dei principali fattori a sostegno del caso di investimento. Il limite di 21 milioni di monete sull'offerta di Bitcoin garantisce scarsità e protezione dall'inflazione. Il protocollo Bitcoin include un'offerta fissa, e una rete decentralizzata di minatori la sostiene. Bitcoin potrebbe apprezzarsi nel valore nel tempo a causa della sua scarsità man mano che la domanda mondiale aumenta.

La natura decentralizzata di Bitcoin lo rende più attraente come deposito di valore. Bitcoin funziona su una rete peer-to-peer, che lo rende immune alla censura e all'interferenza governativa. Questo lo differenzia dalle valute convenzionali gestite dalle banche centrali. Inoltre, poiché ogni transazione è verificata criptograficamente e registrata su un registro pubblico, la tecnologia blockchain che sottende Bitcoin garantisce transazioni sicure.

Rispetto ai depositi di valore convenzionali, la natura digitale di Bitcoin offre vantaggi in termini di portabilità e accessibilità. Con la possibilità di conservare Bitcoin in portafogli digitali, le persone possono facilmente trasportare e effettuare transazioni con i loro asset all'estero. Questa accessibilità promuove l'inclusione finanziaria e offre alle persone in nazioni con limitato accesso ai servizi bancari tradizionali un'alternativa.

Un aumento dell'adozione istituzionale di Bitcoin negli ultimi anni ha rafforzato il suo caso di investimento. Il potenziale di Bitcoin come strumento di diversificazione e salvaguardia contro i rischi di mercato convenzionali è riconosciuto da istituzioni finanziarie e aziende di buona reputazione.

Le principali società e società di investimento hanno iniziato a incorporare Bitcoin nelle loro strategie di investimento. Sono stati annunciati investimenti significativi in Bitcoin da parte di hedge fund, asset manager e persino società quotate in borsa, indicando una crescente accettazione della valuta virtuale come classe di asset investibile. Il mercato del Bitcoin diventa più stabile e liquido grazie all'adozione istituzionale, attirando più investitori individuali.

Grazie alla sua bassa correlazione con le classi di asset convenzionali, Bitcoin può essere utilizzato come utile strumento di diversificazione. Il suo prezzo ha frequentemente mostrato indipendenza da materie prime, obbligazioni e mercati azionari, il che lo rende un potenziale strumento di protezione contro la volatilità dei mercati. Gli investitori possono ridurre il rischio complessivo del portafoglio e potenzialmente aumentare i rendimenti includendo Bitcoin in un portafoglio diversificato ottenendo esposizione a un asset non correlato.

L'offerta finita e la natura decentralizzata di Bitcoin lo rendono un candidato attraente per essere utilizzato come potenziale protezione contro l'inflazione. Gli investitori stanno sempre più cercando asset che possano mantenere il potere d'acquisto nel lungo termine a causa degli inauditi stimoli monetari e delle preoccupazioni sulla svalutazione della valuta. Bitcoin è un asset desiderabile in un ambiente inflazionistico grazie alla sua offerta limitata e alla difesa contro l'inflazione arbitraria.

Anche se potrebbero esserci opportunità di investimento in Bitcoin, è importante prendere in considerazione i rischi e la volatilità di mercato.

La storia dei prezzi di Bitcoin è caratterizzata da una significativa volatilità, con periodi di rapida crescita seguiti da correzioni improvvise. Il sentiment di mercato, i cambiamenti normativi e gli eventi macroeconomici sono solo alcune delle variabili che possono influenzare le oscillazioni dei prezzi. Quando si considera Bitcoin come investimento, gli investitori devono avere una elevata tolleranza al rischio e un orizzonte temporale a lungo termine.

L'ambiente normativo che regola Bitcoin è ancora in fase di sviluppo, e qualsiasi cambiamento potrebbe influenzare il grado di accettazione e la volatilità dei prezzi. Gli investitori potrebbero sperimentare incertezza a causa di azioni regolamentari come restrizioni commerciali o un maggiore controllo. Quando si investe in Bitcoin, gli investitori dovrebbero anche considerare attentamente eventuali questioni legali e rischi legati alla cybersecurity.

Anche se affidabile e sicura, la tecnologia che alimenta Bitcoin non è priva di rischi. Il valore e il funzionamento di Bitcoin potrebbero essere influenzati da bug software, tentativi di hacking o interruzioni della rete blockchain. Gli investitori dovrebbero essere aggiornati sui nuovi sviluppi tecnologici, sulle precauzioni di sicurezza e sulle eventuali debolezze nell'ecosistema Bitcoin.

Il caso per investire in Bitcoin è supportato dalle sue caratteristiche come forma di oro digitale, dall'adozione istituzionale e dal suo potenziale per diversificare i portafogli e agire come protezione dall'inflazione. Nell'era di Internet, Bitcoin offre accessibilità, sicurezza e scarsità come deposito di valore decentralizzato. Il mercato è ora più credibile e liquido grazie all'adozione istituzionale, il che aumenta anche l'interesse degli investitori. Gli investitori devono considerare attentamente i rischi connessi a Bitcoin, come la volatilità di mercato, l'incertezza regolamentare e le vulnerabilità tecnologiche.

Il caso commerciale per investire in Bitcoin è fluido e soggetto a dinamiche di mercato in evoluzione e a contesti legislativi. Come ogni investimento, un'attenta due diligence, la gestione del rischio e una visione a lungo termine sono fondamentali. Bitcoin è una classe di asset affascinante da seguire e considerare per coloro che desiderano diversificare i loro portafogli e sfruttare le opportunità offerte dall'era digitale, poiché ha il potenziale per interrompere i sistemi finanziari consolidati e dare alle persone una maggiore indipendenza finanziaria.

Come Investire nei Progetti DeFi

Per sfruttare la tecnologia blockchain e i contratti intelligenti, il settore delle Finanze Decentralizzate (DeFi) del mercato delle criptovalute è emerso come un'innovazione rivoluzionaria. La DeFi sta trasformando i sistemi finanziari convenzionali. Gli investitori sono alla ricerca di opportunità per entrare in questo settore eccitante mentre i progetti DeFi continuano a innovare e a guadagnare terreno. In questa sezione vengono trattati i principali fattori e procedure per investire nei progetti DeFi, insieme alla ricerca, valutazione del progetto, gestione del rischio e monitoraggio degli sviluppi regolamentari. Le persone possono navigare in questo paesaggio in rapida evoluzione e potenzialmente trarre vantaggio da questa tecnologia rivoluzionaria essendo consapevoli delle sfumature dell'investimento in DeFi.

Per comprendere appieno i fondamentali, i rischi potenziali e la longevità di qualsiasi progetto DeFi prima di investire, è essenziale effettuare una ricerca approfondita.

Inizia leggendo la documentazione tecnica e il whitepaper del progetto. Questi documenti forniscono una panoramica degli obiettivi del progetto, della tecnologia di supporto e del problema che cerca di risolvere. Per determinare la credibilità del progetto e la probabilità di successo, presta particolare attenzione ai suoi obiettivi, al team che lo sostiene e alla sua roadmap tecnica.

Esamina il consiglio consultivo e il team del progetto. Cerca persone con esperienza e un background nelle industrie blockchain e delle criptovalute. Per sentirsi sicuri nella leadership del progetto, considera la loro esperienza, le loro credenziali e i loro successi precedenti.

Analizza il coinvolgimento della comunità nel progetto e la quantità di attività su forum, chat room e siti di social media. L'accettazione del progetto, la sua legittimità e il suo potenziale di crescita possono essere determinati da quanto attiva e coinvolta è la comunità. Poni domande, raccogli informazioni e valuta il sentimento coinvolgendoti con la comunità.

Dopo aver condotto una ricerca preliminare, è essenziale valutare particolari elementi che influenzano la probabilità di successo di un progetto DeFi.

Analizza l'originalità e l'innovazione tecnologica del progetto. Verifica se presenta una soluzione innovativa, migliora i protocolli attuali o aggiunge funzionalità rivoluzionarie. I progetti che migliorano le capacità della DeFi e offrono all'ecosistema nuove funzionalità possono avere un vantaggio competitivo.

Analizza l'adattamento al mercato e il caso d'uso del progetto. Affronta un problema significativo o offre una soluzione a un bisogno non soddisfatto? Esamina il potenziale di adozione del progetto e la sua compatibilità con le tendenze di mercato e le domande più generali.

Controlla se il progetto ha subito audit del codice e della sicurezza approfonditi. Per proteggere i fondi degli investitori e mantenere l'integrità del progetto, la sicurezza dei contratti intelligenti e del codice sottostante è essenziale. La fiducia aumenta con i progetti che hanno subito audit di società autorevoli o che hanno una procedura di revisione del codice aperta e pubblica.

Ci sono rischi intrinseci quando si investe nei progetti DeFi. È essenziale comprendere e gestire efficacemente questi rischi.

La volatilità dei prezzi delle criptovalute, inclusa la DeFi, è ben nota. I prezzi possono fluttuare rapidamente, e gli investimenti possono registrare guadagni o perdite significative in brevi periodi. Decidi quanto rischio puoi tollerare e investi solo ciò che puoi permetterti di perdere.

I progetti DeFi si basano su contratti intelligenti, e le vulnerabilità nel codice possono causare falle di sicurezza o possibili perdite di denaro. Segui i progetti che danno priorità alle misure di sicurezza, agli audit frequenti e alle taglie per la segnalazione di bug e mantieniti aggiornato sulle migliori pratiche di sicurezza più recenti.

I progetti DeFi operano in un ambiente regolatorio in rapida evoluzione. La legalità e la fattibilità di alcuni progetti potrebbero essere influenzate da cambiamenti normativi o da un maggiore controllo da parte delle autorità regolatorie. Tieni d'occhio i cambiamenti normativi nella tua giurisdizione e valuta come potrebbero influenzare i tuoi investimenti.

Una strategia chiave di gestione del rischio in qualsiasi portafoglio di investimenti, compreso il DeFi, è la diversificazione. Per ridurre il rischio di fallimento di un singolo progetto o di declino del mercato, diversifica i tuoi investimenti tra vari progetti e classi di attività. Prendi in considerazione la diversificazione tra le varie industrie

DeFi, come il prestito, gli scambi decentralizzati e i derivati.

Strategie popolari DeFi come lo staking e il yield farming potrebbero essere remunerative fornendo liquidità o detenendo particolari token. Tuttavia, queste strategie comportano anche i loro rischi, come perdite temporanee e debolezza della sicurezza dei contratti intelligenti. Prima di utilizzare queste strategie, prendi consapevolezza del loro funzionamento, valuta i rischi coinvolti e considera i rendimenti attesi.

L'ecosistema DeFi è dinamico e in continua evoluzione. Per investire con successo nel DeFi, è essenziale rimanere aggiornati sulle notizie, le tendenze e gli sviluppi.

Partecipa alla comunità DeFi, tieniti aggiornato sulle ultime notizie del settore e segui persone influenti sui social media. Tieniti al passo con gli sviluppi più recenti e le tendenze di mercato partecipando a forum pertinenti e partecipando a conferenze o webinar.

Tieniti informato sull'ambiente regolatorio legato al DeFi. Le azioni regolatorie possono influenzare la fattibilità e la conformità di un progetto, nonché l'umore del mercato nel suo complesso. Riconosci eventuali rischi regolatori e modifica il tuo approccio agli investimenti di conseguenza.

Il DeFi è un campo complesso che richiede un apprendimento costante e adattamenti. Informarti sulle teorie, gli standard e le ultime tendenze nel DeFi. Per fare scelte di investimento sagge, mantieniti aggiornato sui nuovi sviluppi tecnologici, sulle migliori pratiche di sicurezza e sugli sviluppi nel più ampio settore delle blockchain.

Le persone hanno emozionanti opportunità di partecipare alla rivoluzione delle finanze decentralizzate investendo in progetti DeFi. Tuttavia, è essenziale condurre ricerche approfondite, valutare attentamente i progetti, gestire i rischi e tenersi aggiornati sugli sviluppi regolamentari. Gli investitori possono navigare nel dinamico paesaggio DeFi e potenzialmente trarre profitto dal potenziale trasformativo della tecnologia blockchain seguendo questi passaggi e adottando un approccio diversificato. Come con qualsiasi investimento, avere una prospettiva a lungo termine e essere consapevoli dei rischi sono essenziali per fare scelte sagge e realizzare il potenziale del DeFi.

Gestione del Rischio negli Investimenti in Criptovalute

A causa del potenziale di significativi rendimenti e della natura disruptiva della tecnologia blockchain, negli ultimi anni gli investimenti in criptovalute sono diventati sempre più popolari. Tuttavia, a causa della loro volatilità, dell'incertezza regolamentare e della complessità tecnologica, investire in criptovalute comporta rischi intrinseci. Un approccio sistematico alla gestione del rischio è necessario per un investimento redditizio in criptovalute. Questa sezione esamina i principali rischi associati agli investimenti in criptovalute e offre soluzioni per controllare e ridurre tali rischi. Gli investitori possono navigare nel mercato delle criptovalute instabile e migliorare le loro possibilità di successo a lungo termine comprendendo le difficoltà e mettendo in pratica buoni metodi di gestione del rischio.

Comprendere i principali fattori di rischio legati agli investimenti in criptovalute è cruciale prima di approfondire le strategie di gestione del rischio.

La volatilità dei prezzi delle criptovalute, come Bitcoin e altre criptovalute, è ben nota. I prezzi possono cambiare drasticamente in breve tempo, il che presenta agli investitori sia opportunità che rischi. Sentimenti di mercato, notizie regolamentari, sviluppi tecnologici o fattori macroeconomici possono tutti causare cambiamenti improvvisi dei prezzi. Per minimizzare le perdite e massimizzare i guadagni, è essenziale la gestione della volatilità di mercato.

L'ambiente regolamentare relativo alle criptovalute è in continua evoluzione. Le azioni regolamentari governative e finanziarie possono influenzare la legittimità, il trading e la liquidità delle criptovalute. Gli investitori devono valutare i potenziali rischi e i requisiti di conformità legati ai loro investimenti e rimanere aggiornati sugli sviluppi normativi nella propria giurisdizione.

Le criptovalute si basano su piattaforme tecnologiche complesse. I fondi possono essere persi o rubati a causa di vulnerabilità dei contratti intelligenti, incidenti di hacking e interruzioni di rete. Per ridurre i rischi tecnologici, è essenziale comprendere la tecnologia alla base delle criptovalute e valutare le misure di sicurezza implementate dai progetti.

Quando si investe in criptovalute, la liquidità è una preoccupazione importante, specialmente per token più piccoli e altcoin. Una bassa liquidità causata da volumi di scambio ridotti può rendere difficile acquistare o vendere asset ai prezzi desiderati. La possibilità di manipolazione dei prezzi aumenta anche nei mercati poco liquidi. Gli investitori dovrebbero valutare attentamente la liquidità degli asset così come eventuali difficoltà potenziali nel trading e nell'uscita dalle posizioni.

Per navigare nel volatile panorama delle criptovalute, è essenziale mettere in pratica efficaci strategie di gestione del rischio. Considera le seguenti strategie importanti:

Una strategia fondamentale di gestione del rischio che può essere utilizzata in tutti i tipi di investimenti, compresi quelli in criptovalute, è la diversificazione. Il rischio di un singolo investimento può essere ridotto diversificando gli investimenti tra varie criptovalute, settori e classi di asset. Diversificando i loro portafogli, gli investitori possono sfruttare vari potenziali guadagni limitando l'esposizione a determinati rischi di progetto o di mercato.

Per gestire efficacemente il rischio quando si investe in criptovalute, è necessario stabilire un'adeguata allocazione del portafoglio e una tolleranza al rischio. Prima di allocare fondi alle criptovalute, gli investitori dovrebbero considerare il proprio orizzonte temporale di investimento, la propria tolleranza al rischio e gli obiettivi finanziari. Gli asset di criptovalute dovrebbero costituire solo una piccola parte del tuo portafoglio perché di solito sono considerati investimenti ad alto rischio. Inoltre, riequilibrare il portafoglio regolarmente può contribuire a preservare il profilo rischio-rendimento desiderato.

Prima di effettuare un investimento in criptovalute, è essenziale condurre una diligente analisi e valutazione fondamentale. Comprendere le prospettive a lungo termine del progetto può essere ottenuto valutando le sue fondamenta, la tecnologia, il team e l'adattamento al mercato. Comprendere la proposta di valore sottostante di una criptovaluta e i suoi vantaggi competitivi può aiutare a individuare progetti promettenti e ridurre l'esposizione a progetti sospetti o scarsamente eseguiti.

L'individuazione dei punti di ingresso e di uscita per gli investimenti può essere facilitata dall'analisi tecnica. Comprendere come i prezzi si sono mossi nel breve termine può essere appreso esaminando i grafici dei prezzi, le tendenze e gli indicatori. L'analisi tecnica dovrebbe essere utilizzata in congiunzione con altre tecniche di gestione del rischio perché ha limitazioni nel mercato delle criptovalute estremamente volatile.

Per investire con successo in criptovalute, è necessario condurre continuamente valutazioni e strategie di mitigazione del rischio. Tenere d'occhio il mercato, l'ambiente regolamentare e i rischi specifici di ciascun progetto. Per proteggere i propri investimenti, rimanere aggiornati sulle tendenze di sicurezza più recenti, esaminare attentamente gli scambi e i portafogli, e utilizzare misure di sicurezza robuste.

L'ambiente delle criptovalute è dinamico e in rapido cambiamento. Una gestione efficace del rischio richiede un'istruzione continua e il monitoraggio delle tendenze di mercato, degli sviluppi tecnologici e dei cambiamenti legislativi. Per rimanere al passo con gli sviluppi più recenti, interagire con la comunità delle criptovalute, seguire fonti di notizie affidabili e partecipare agli eventi del settore.

Sebbene gli investimenti in criptovalute offrano opportunità eccitanti, ci sono anche rischi intrinseci. Gli investitori possono navigare con successo nel mercato volatile delle criptovalute mettendo in pratica buone strategie di gestione del rischio. Una gestione efficace del rischio richiede il controllo della volatilità di mercato, il monitoraggio dei cambiamenti regolamentari, la comprensione dei rischi tecnologici e l'attuazione di procedure di diversificazione e di dovuta diligenza. Inoltre, gli investimenti in criptovalute richiedono la costante rivalutazione dei rischi, il mantenimento di una prospettiva a lungo termine e l'adattamento alle condizioni di mercato mutevoli. Gli investitori possono ridurre i rischi potenziali e beneficiare del potenziale disruptivo delle criptovalute e della tecnologia blockchain adottando un approccio sistematico alla gestione del rischio.

CAPITOLO X

Il Futuro di Bitcoin e della Finanza Decentralizzata

Tendenze e Innovazioni in Bitcoin e DeFi

Utilizzando la tecnologia blockchain per aprire nuove vie per il trasferimento di valore, le applicazioni finanziarie e l'empowerment economico, Bitcoin e la Finanza Decentralizzata (DeFi) hanno trasformato il panorama finanziario. Questa sezione esamina gli sviluppi in Bitcoin e DeFi, enfatizzando i loro effetti rivoluzionari sulla finanza e lo sviluppo del panorama tecnologico decentralizzato. Cerchiamo di offrire approfondimenti su come Bitcoin e DeFi stiano influenzando il futuro della finanza esaminando gli ultimi progressi, le nuove tendenze e le soluzioni creative.

La criptovaluta originale, Bitcoin, si è evoluta e maturata nel tempo, rafforzando la sua posizione come un deposito digitale di valore e un rifugio contro i sistemi finanziari consolidati.

Una tendenza degna di nota in questo settore è l'aumento dell'adozione istituzionale di Bitcoin. Bitcoin viene riconosciuto da istituzioni finanziarie consolidate, aziende e gestori di asset come un asset di investimento rispettabile e un potenziale rifugio dall'inflazione. Il mercato per Bitcoin diventa più liquido, stabile e credibile grazie all'adozione istituzionale, il che rende anche più facile incorporarlo nei sistemi finanziari consolidati.

La crescita di Bitcoin come asset di riserva è un'altra importante evoluzione. Grandi istituzioni stanno includendo Bitcoin come deposito di valore a lungo termine nei loro bilanci, comprese società quotate in borsa e fondi speculativi. Bitcoin è un'alternativa convincente ai tradizionali asset di riserva come l'oro e le valute fiat a causa della sua offerta limitata, della sua struttura decentralizzata e della sua resistenza all'inflazione. Questo sviluppo rafforza la posizione di Bitcoin come oro digitale e la sua reputazione come affidabile deposito di valore.

Le soluzioni di Layer 2 stanno crescendo in importanza come soluzione ai problemi di scalabilità di Bitcoin. Utilizzando canali off-chain, protocolli di Layer 2 come il Lightning Network consentono transazioni più rapide e meno costose. Queste soluzioni aumentano la scalabilità di Bitcoin preservando la sicurezza e la decentralizzazione della blockchain sottostante. Le soluzioni di Layer 2 aiutano a diffondere l'inclusione finanziaria promuovendo l'uso di Bitcoin per transazioni regolari.

La Finanza Decentralizzata (DeFi), che ridefinisce i sistemi finanziari convenzionali e democratizza l'accesso ai servizi finanziari, è diventata rapidamente una forza dirompente.

DeFi ha aperto la possibilità della tokenizzazione, consentendo la rappresentazione di una vasta gamma di asset sulla blockchain. La tokenizzazione apre nuove opportunità di investimento, liquidità e proprietà frazionata per asset precedentemente illiquidi come immobili, opere d'arte e persino proprietà intellettuale. Questa tendenza aumenta le opportunità per le persone di diversificare i loro portafogli democratizzando l'accesso a classi di asset che erano precedentemente disponibili solo agli investitori istituzionali.

Le DEX, o scambi decentralizzati, stanno guidando l'innovazione DeFi. Queste piattaforme permettono agli individui di scambiare asset digitali direttamente tra loro senza l'uso di intermediari, offrendo agli utenti maggiore sicurezza, privacy e controllo. Inoltre, le DEX facilitano l'accesso a una varietà di criptovalute, consentendo scambi di token semplici e promuovendo la liquidità su numerosi mercati. Con le DEX che diventano sempre più popolari, l'ecosistema finanziario sta diventando più inclusivo e decentralizzato.

All'interno di DeFi, il farming di rendimento e il market making automatizzato stanno diventando più popolari. Fornendo liquidità ai protocolli DeFi come piattaforme di prestito o scambi decentralizzati, il farming di rendimento consente agli utenti di ottenere rendimenti. Gli algoritmi di market making automatizzato, preservando i pool di liquidità e consentendo scambi di asset istantanei, consentono un trading efficace dei token. All'interno dell'ecosistema DeFi, queste tendenze promuovono la liquidità, migliorano l'efficacia di mercato e offrono alle persone nuove opportunità di generare reddito passivo.

Una tendenza significativa che collega i vantaggi di entrambi gli ecosistemi e apre nuove vie per l'innovazione finanziaria è la convergenza di Bitcoin e DeFi.

Wrapped Bitcoin (WBTC) è diventato un esempio ben noto di come Bitcoin e DeFi stiano convergendo. Con l'aiuto di

WBTC, gli utenti possono tokenizzare Bitcoin sulla blockchain di Ethereum e partecipare alle applicazioni DeFi. Inoltre, protocolli di interoperabilità e ponti cross-chain rendono possibile per Bitcoin spostarsi senza sforzo tra varie reti blockchain, aumentandone l'utilità e la funzionalità all'interno del più ampio ecosistema DeFi.

Un altro sviluppo è l'incorporazione di Bitcoin nei protocolli di prestito e prestito di DeFi. I proprietari di Bitcoin possono utilizzarli come garanzia per accedere a prestiti o prestarli a mutuatari in cambio di interessi. Attraverso questa integrazione, i proprietari di Bitcoin possono sbloccare il valore delle loro proprietà pur mantenendone la proprietà e raccogliendo i frutti di qualsiasi futuro aumento di valore. Inoltre, ciò aggiunge liquidità di Bitcoin al mercato dei prestiti DeFi, rafforzando e diversificando il sistema finanziario.

Gli oracoli decentralizzati, che danno ai contratti intelligenti accesso a dati del mondo reale, stanno esplorando modi per incorporare i feed di prezzo di Bitcoin nei programmi DeFi. Utilizzando il valore e la liquidità di Bitcoin, questa integrazione rende possibile lo sviluppo di prodotti finanziari supportati dalla criptovaluta, come derivati decentralizzati o assicurazioni decentralizzate. La composabilità e l'adattabilità dei protocolli DeFi sono ulteriormente migliorati dall'incorporazione dei dati di prezzo di Bitcoin.

Anche se Bitcoin e DeFi sono all'avanguardia dell'innovazione finanziaria, ci sono ancora una serie di difficoltà e opportunità.

Sia Bitcoin che DeFi faticano ancora con la scalabilità. Le tecnologie blockchain sottostanti devono scalare man mano che aumenta l'adozione per gestire volumi di transazioni in aumento senza compromettere sicurezza o decentralizzazione. Per entrambi gli ecosistemi continuare a crescere e offrire un'esperienza utente positiva, sono essenziali miglioramenti nelle soluzioni di Layer 2, sharding e altre soluzioni di scalabilità.

L'ambiente normativo relativo a Bitcoin e DeFi sta cambiando e offre sia opportunità che sfide. Regolamentazioni chiare e vantaggiose possono incoraggiare l'innovazione, attrarre investitori istituzionali e aumentare l'adozione tra il pubblico generale. I rischi per il settore, tuttavia, derivano da potenziali requisiti di conformità e incertezze normative. Per trovare un equilibrio tra innovazione, protezione dei consumatori e conformità normativa, partecipanti del settore, regolatori e responsabili delle politiche devono collaborare.

Perché Bitcoin e DeFi continuino a svilupparsi, le varie reti blockchain devono essere in grado di comunicare tra loro e i protocolli e gli standard dei token devono essere standardizzati. Il trasferimento senza soluzione di continuità di risorse e dati tra reti aprirà nuove opportunità per l'innovazione e la collaborazione. Un ecosistema finanziario più connesso ed efficace sarà il risultato degli sforzi per creare standard di settore e quadri di interoperabilità.

Bitcoin e DeFi stanno offrendo nuove opportunità per il trasferimento di valore, gli investimenti e l'inclusione finanziaria, trasformando l'industria finanziaria. Il futuro della finanza è plasmato da tendenze e innovazioni in Bitcoin e DeFi, come l'adozione istituzionale, le soluzioni di Layer 2, la tokenizzazione, gli scambi decentralizzati e la convergenza di Bitcoin e DeFi. Anche se ci sono difficoltà, come l'interoperabilità, la complessità normativa e la scalabilità, queste tecnologie offrono enormi opportunità. Bitcoin e DeFi hanno il potenziale per trasformare i sistemi finanziari convenzionali, dare potere alle persone in tutto il mondo e costruire un ecosistema finanziario più inclusivo ed efficace abbracciando le tendenze e perseguendo l'innovazione.

Il Ruolo della Regolamentazione

L'emergere delle criptovalute e della tecnologia blockchain ha presentato un insieme unico di opportunità e sfide ai regolatori e ai responsabili delle politiche. Poiché mira a trovare un equilibrio tra la promozione dell'innovazione, la protezione degli investitori e il mantenimento della stabilità finanziaria, la regolamentazione svolge un ruolo cruciale nel panorama delle criptovalute. Il ruolo sfaccettato della regolamentazione nell'industria delle criptovalute viene esplorato in questa sezione, insieme ai suoi effetti sulla protezione degli investitori, l'integrità del mercato, l'innovazione e il più ampio ecosistema finanziario. Possiamo navigare nel cambiamento dell'ambiente normativo e garantire la crescita sostenibile dell'industria delle criptovalute essendo consapevoli delle difficoltà, dei vantaggi e delle possibili approcci alla regolamentazione.

Proteggere gli investitori e preservare l'integrità del mercato sono due degli obiettivi principali della regolamentazione nell'industria delle criptovalute. La natura decentralizzata e internazionale delle criptovalute introduce rischi speciali, tra cui frodi, manipolazioni di mercato e truffe. La regolamentazione mira a ridurre questi rischi stabilendo pratiche di mercato aperte, facendo rispettare i requisiti di conoscersi clienti (KYC) e anti-riciclaggio (AML) e offrendo agli investitori ricorso legale in caso di illeciti.

Le imprese che operano con criptovalute, come borse, portafogli e fondi di investimento, sono spesso tenute dai quadri regolamentari a registrarsi presso le autorità competenti e ottenere licenze. Questa procedura aiuta a garantire che queste organizzazioni rispettino un insieme di standard, come misure di sicurezza, requisiti di capitale e conformità alle leggi anti-frode e di protezione dei consumatori. La licenza e la registrazione aggiungono un livello di regolamentazione, che riduce la possibilità di frodi e aumenta la fiducia del mercato.

Le regolamentazioni richiedono frequentemente che i progetti di criptovalute divulghino informazioni sui loro bilanci finanziari, sulle operazioni commerciali e sui dettagli del progetto. Grazie a questa trasparenza, gli investitori possono valutare la legittimità e i rischi potenziali degli investimenti e prendere decisioni informate. Inoltre, i mandati per la segnalazione e le verifiche periodiche possono aiutare a sopprimere inganni e frodi.

La regolamentazione deve bilanciare la protezione degli investitori con la promozione dell'innovazione nel settore delle criptovalute. Gli avanzamenti tecnologici possono essere soffocati da regolamentazioni eccessive o troppo restrittive, che possono anche ostacolare gli sforzi imprenditoriali e spingere progetti innovativi verso giurisdizioni con ambienti regolamentari più tolleranti. Pertanto, i regolatori devono adottare una strategia futuristica che promuova l'innovazione riducendo al contempo i rischi.

Iniziative come le aree di sperimentazione regolamentare e i programmi pilota consentono alle startup e ai progetti di criptovalute di operare in un contesto regolamentato sotto la supervisione regolamentare. I regolatori possono osservare e comprendere le tecnologie emergenti grazie a questi programmi, che danno anche alle startup la libertà di sperimentare le proprie idee. Le aree di sperimentazione regolamentare incoraggiano l'innovazione dando alle startup la possibilità di testare le loro idee, ricevere feedback e migliorare i loro prodotti lavorando con i regolatori.

Creare efficienti quadri regolamentari richiede la cooperazione tra regolatori, proprietari di imprese e altre parti interessate. I regolatori possono comprendere meglio le dinamiche di mercato, rimanere aggiornati sugli sviluppi tecnologici e creare regolamentazioni che trovino il giusto equilibrio tra protezione degli investitori e innovazione interagendo con la comunità delle criptovalute, consultando esperti del settore e stabilendo linee di comunicazione aperte.

I regolatori devono lavorare per garantire la stabilità finanziaria data la rapida crescita dell'industria delle criptovalute e i potenziali rischi sistemici. La tecnologia blockchain e le criptovalute hanno il potenziale per interrompere i sistemi finanziari consolidati, quindi i regolatori devono monitorare e controllare qualsiasi rischio per garantire la stabilità.

I regolatori sono essenziali nel condurre valutazioni del rischio e monitorare il mercato delle criptovalute per individuare eventuali debolezze e rischi sistemici. Una comprensione approfondita dell'effetto dell'ecosistema cripto sulla stabilità finanziaria può essere facilitata dalla stretta cooperazione con altre autorità finanziarie, come le banche centrali e i regolatori prudenziali. I regolatori possono attuare misure preventive per mitigare i rischi, come requisiti patrimoniali, limiti di leva o test di stress, come risultato di valutazioni continue del rischio e monitoraggio.

I regolatori possono imporre controlli come limiti di posizione, interruttori di emergenza o restrizioni di trading durante periodi di estrema volatilità di mercato per ridurre i rischi sistemici. Queste azioni mirano a preservare l'integrità del mercato, proteggere gli investitori e fermare le interruzioni di mercato. I regolatori possono anche richiedere che le istituzioni finanziarie, come le borse di criptovalute, abbiano solidi sistemi di gestione del rischio, riserve patrimoniali e piani di emergenza.

Per garantire un campo di gioco equo, ridurre l'arbitraggio regolamentare e promuovere la cooperazione globale, sono essenziali il coordinamento transfrontaliero e l'armonizzazione delle regolamentazioni. Questo perché le criptovalute sono un fenomeno globale. Lavorando insieme, i regolatori possono affrontare questioni come la frode transfrontaliera, il finanziamento del terrorismo e il riciclaggio di denaro.

L'adozione di standard globali e migliori pratiche può portare all'armonizzazione regolamentare. Per migliorare la coerenza e la cooperazione regolamentare a livello globale, gruppi come il Financial Action Task Force (FATF) e l'Organizzazione Internazionale delle Commissioni di Sicurezza (IOSCO) sviluppano linee guida e raccomandazioni. Rispettare questi standard può promuovere la cooperazione globale e ridurre la frammentazione regolamentare.

I quadri per il riconoscimento regolamentare e la cooperazione tra giurisdizioni possono semplificare le operazioni commerciali internazionali, incoraggiare l'innovazione e migliorare la protezione degli investitori. Le aziende possono operare in più giurisdizioni rispettando le normative pertinenti grazie a accordi di riconoscimento reciproco, programmi di passaporto e iniziative di condivisione delle informazioni regolamentari. Questi quadri promuovono la cooperazione regolamentare e riducono gli oneri delle imprese di conformità ridondante.

Proteggendo gli investitori, garantendo l'integrità del mercato, promuovendo l'innovazione e mantenendo la stabilità finanziaria, la regolamentazione svolge un ruolo cruciale nel definire il panorama cripto. Per realizzare appieno il potenziale delle criptovalute e della tecnologia blockchain, è necessario trovare il giusto equilibrio tra regolamentazione e innovazione. I regolatori devono adottare una posizione progressista, lavorare con gli attori del settore e utilizzare quadri regolamentari adattabili per affrontare i rischi e promuovere l'innovazione. I regolatori possono fare ciò promuovendo un ambiente che favorisca l'innovazione etica, protegga gli investitori e consenta all'industria cripto di crescere in modo sostenibile.

Il Potenziale Futuro della Finanza Decentralizzata

La Finanza Decentralizzata (DeFi), che ridefinisce i sistemi finanziari convenzionali e democratizza l'accesso ai servizi finanziari, è diventata rapidamente una forza dirompente. La DeFi ha il potenziale per trasformare numerosi aspetti del panorama finanziario mentre si sviluppa e guadagna popolarità. L'impatto potenziale della DeFi sulla finanza tradizionale, sull'inclusione economica, sulle rimesse internazionali e sulle più ampie implicazioni per la sovranità finanziaria sono tutti esplorati in questa sezione. Possiamo comprendere il potenziale trasformativo della rivoluzione DeFi e il suo ruolo nell'influenzare il futuro della finanza immaginandone le possibilità e le difficoltà.

Introducendo soluzioni creative e mettendo in discussione le norme accettate di banca e prestito, la DeFi ha il potenziale per trasformare completamente la finanza convenzionale.

I protocolli DeFi consentono la comunicazione diretta tra pari senza l'uso di intermediari come banche o organizzazioni di prestito. I contratti intelligenti consentono transazioni efficienti e affidabili, riducendo i costi e eliminando la necessità di intermediari. Attraverso l'accesso diretto ai servizi finanziari, le persone possono bypassare i gatekeeper consolidati e ottenere un maggiore controllo sulla propria vita finanziaria grazie alla disintermediazione.

Le piattaforme di prestito decentralizzate, gli scambi decentralizzati (DEX) e i mercati dei derivati possono tutti essere sviluppati utilizzando la DeFi grazie alla sua programmabilità. Questi dispositivi funzionano autonomamente e senza l'aiuto di un operatore umano seguendo regole predefinite. Gli strumenti finanziari automatizzati migliorano l'accessibilità, l'efficienza e la trasparenza consentendo alle persone comuni di impegnarsi in attività finanziarie complesse che in passato erano disponibili solo per gli investitori istituzionali.

Una delle promesse più grandi della DeFi è il suo potenziale per avanzare nell'inclusione economica e trasformare il settore delle rimesse.

La DeFi offre alle persone non bancarizzate e sottobancarizzate in tutto il mondo l'accesso ai servizi finanziari. Le persone possono accedere ai protocolli DeFi, creare portafogli e condurre transazioni finanziarie utilizzando uno smartphone e una connessione internet senza dipendere dall'infrastruttura bancaria convenzionale. Questa inclusività può promuovere lo sviluppo economico, migliorare i mezzi di sussistenza e consentire alle persone di partecipare all'economia globale.

Alti costi, tempi di elaborazione lunghi e accessibilità limitata sono tutti problemi che affliggono il settore delle rimesse attuale. La DeFi fornisce una sostituzione rivoluzionaria consentendo transazioni transfrontaliere rapide ed economiche. Senza utilizzare canali di rimesse convenzionali, le persone possono inviare e ricevere denaro a livello internazionale utilizzando stablecoin e scambi decentralizzati. Questa procedura semplificata potrebbe rivoluzionare l'industria delle rimesse, portando vantaggi sia alle persone che alle aziende.

La DeFi offre alle persone un maggiore controllo sulle proprie risorse finanziarie, sulla privacy e sulle decisioni, il che le rende più autonome.

Il modello di auto-custodia offerto dalla DeFi consente agli utenti di gestire direttamente i propri asset senza l'assistenza di custodi esterni. Gli individui riducono il rischio controparte e la probabilità di perdita o cattiva gestione degli asset mantenendo le proprie chiavi private. Questo modello di auto-custodia migliora l'indipendenza finanziaria, la privacy personale e la difesa contro il sequestro di asset.

A causa della mancanza di confini geografici della DeFi, chiunque nel mondo può ora accedere a opportunità di investimento globali che in passato erano disponibili solo agli investitori accreditati o in determinate aree geografiche. Gli individui possono scambiare una varietà di asset, inclusi criptoattivi, token che rappresentano asset fisici e persino la proprietà frazionata di asset preziosi come opere d'arte o immobili, attraverso scambi decentralizzati. Gli individui possono ora diversificare i propri portafogli e potenzialmente trarre profitto dai mercati emergenti e dai progetti innovativi grazie alla democratizzazione delle opportunità di investimento.

La DeFi ha un futuro luminoso davanti a sé, ma per raggiungere il suo pieno potenziale, è necessario prendere in considerazione una serie di problemi e fattori.

I protocolli DeFi attualmente hanno problemi di scalabilità, che limitano la loro usabilità a causa della congestione di rete e dei prezzi elevati del gas. È essenziale migliorare le soluzioni di scalabilità, come le tecnologie di Layer 2 e i protocolli di interoperabilità, per supportare più utenti e migliorare l'esperienza utente. Per l'adozione diffusa, le interfacce utente intuitive e i design chiari sono anche cruciali.

L'ambiente regolamentare della DeFi è ancora in evoluzione, e l'incertezza regolamentare continua ad essere difficile. Per promuovere l'espansione della DeFi garantendo al contempo la protezione dei consumatori, prevenendo attività illegali e affrontando rischi sistemici, è essenziale trovare il giusto equilibrio tra innovazione e conformità regolamentare. Per creare quadri regolamentari trasparenti e flessibili, è necessaria la cooperazione tra regolatori, leader aziendali e responsabili delle politiche.

I protocolli DeFi sono suscettibili a rischi di sicurezza come la manipolazione degli oracoli, bug nei contratti intelligenti e tentativi di hacking. Per ridurre questi rischi, è cruciale condurre regolari audit di sicurezza, revisioni del codice approfondite e seguire le migliori pratiche dell'industria. Inoltre, procedure di audit affidabili possono aumentare la fiducia degli utenti garantendo la sicurezza e l'integrità dei protocolli DeFi.

Il potenziale trasformativo della DeFi promette di ridefinire la finanza tradizionale, avanzare nell'inclusione economica, semplificare le rimesse internazionali e dare alle persone una maggiore autonomia finanziaria. La DeFi ha il potenziale per cambiare completamente il modo in cui interagiamo con il denaro e i servizi finanziari eliminando gli intermediari nei sistemi finanziari tradizionali, consentendo transazioni peer-to-peer e aprendo l'accesso a strumenti finanziari innovativi. Ma affinché la DeFi cresca in modo sostenibile, deve affrontare problemi di scalabilità, navigare nell'ambiente regolamentare e prioritizzare la sicurezza. Possiamo realizzare il pieno potenziale della DeFi e costruire un futuro in cui le opportunità finanziarie sono disponibili per tutti, dando potere alle persone e alle comunità di tutto il mondo, abbracciando queste considerazioni, incoraggiando la collaborazione e trovando il giusto equilibrio tra innovazione e regolamentazione.

CONCLUSIONE

Sintesi dei Punti Chiave

In questo e-book, abbiamo esaminato una varietà di aspetti di Bitcoin e della Finanza Decentralizzata (DeFi), nonché come potrebbero trasformare il panorama finanziario. Riassumeremo le principali idee trattate in questo riassunto e metteremo in evidenza le importanti lezioni apprese dalla nostra esplorazione di queste tecnologie innovative. Possiamo comprendere l'importanza di Bitcoin e DeFi nella rivoluzionare la finanza, favorire l'inclusione economica, promuovere la sovranità finanziaria e dare potere alle persone di tutto il mondo rivisitando i temi chiave e le intuizioni.

Bitcoin: Una Rivoluzione Digitale

La prima criptovaluta, Bitcoin, ha innescato una rivoluzione digitale sfidando le strutture finanziarie consolidate e introducendo nuove idee per lo scambio di valore, la conservazione del valore e l'indipendenza finanziaria.

- La struttura decentralizzata e l'offerta limitata di Bitcoin lo rendono un'alternativa valida al denaro fiat convenzionale, consentendo agli utenti di conservare e inviare denaro senza dipendere da istituzioni centralizzate.

- Gli investitori istituzionali hanno mostrato interesse per Bitcoin a causa della sua emergenza come forma di oro digitale e un'alternativa contro l'inflazione, dimostrando il potenziale della valuta come deposito di valore a lungo termine.

- Le soluzioni di Layer 2, come il Lightning Network, stanno affrontando problemi di scalabilità e migliorando l'usabilità e l'accessibilità di Bitcoin per transazioni regolari.

- L'integrazione di Bitcoin nell'ecosistema finanziario più ampio, come il prestito e il prestito DeFi, la tokenizzazione e i ponti cross-chain, sta aumentando la sua utilità e rafforzando la sua influenza sulla direzione della finanza.

Finanza Decentralizzata (DeFi): Sblocco della Libertà Finanziaria

Ridefinendo i sistemi finanziari convenzionali e democratizzando l'accesso ai servizi finanziari, la DeFi è emersa come una forza dirompente. Di seguito sono riportate le principali idee trattate nella nostra indagine sulla DeFi:

- I protocolli DeFi consentono il prestito peer-to-peer eliminando intermediari e consentendo alle persone di accedere direttamente ai servizi finanziari, conferendo loro maggior controllo sulla propria vita finanziaria.

- Gli strumenti finanziari programmabili alimentati da smart contract automatizzano attività finanziarie complesse, consentendo operazioni trasparenti ed efficaci e estendendo l'accesso a strumenti finanziari avanzati.

- La DeFi favorisce la crescita economica e la partecipazione all'economia globale offrendo servizi finanziari alle popolazioni non bancarizzate e sottobancarizzate.

- Facilitando transazioni transfrontaliere a basso costo, l'ottimizzazione delle rimesse internazionali da parte della DeFi beneficia sia le persone che le aziende, riducendo le commissioni, accelerando le transazioni e aumentando l'accessibilità.

Sovranità Finanziaria e Potenziamento

Bitcoin e DeFi conferiscono alle persone maggiore controllo e libertà finanziaria, consentendo loro di gestire i propri asset, proteggere la propria privacy e sfruttare opportunità di investimento internazionali.

- Concedendo alle persone piena proprietà e controllo sui propri asset tramite l'uso di chiavi private, l'auto-custodia riduce i rischi di controparte e promuove l'indipendenza finanziaria.

- L'espansione delle opportunità di investimento e la possibilità di diversificare i portafogli sono rese possibili dall'accesso alle opportunità di investimento internazionali attraverso scambi decentralizzati e tokenizzazione.

- La possibilità di accedere a opportunità e servizi finanziari indipendentemente dalla propria posizione o dal proprio status socioeconomico è resa possibile dalla natura senza confini di Bitcoin e DeFi.

Superare le Sfide ed Abbracciare il Futuro

Anche se Bitcoin e DeFi hanno un grande potenziale, ci sono ancora molte sfide che devono essere risolte prima che il loro potenziale trasformativo possa essere completamente realizzato.

- La scalabilità continua ad essere un ostacolo importante sia per i protocolli Bitcoin che per quelli DeFi, quindi è essenziale sviluppare soluzioni scalabili come tecnologie di Layer 2 e protocolli di interoperabilità.

- L'ambiente regolamentare relativo a Bitcoin e DeFi sta cambiando, ed è cruciale trovare il giusto equilibrio tra innovazione e regolamentazione per garantire la protezione dei consumatori, l'integrità del mercato e la stabilità finanziaria.

- Nel settore delle criptovalute, le procedure di sicurezza e di audit sono essenziali per proteggere gli asset degli utenti, mantenere la fiducia e prevenire vulnerabilità come bug nei contratti intelligenti e tentativi di hacking.

In conclusione, Bitcoin e la Finanza Decentralizzata (DeFi) stanno ridefinendo i sistemi finanziari tradizionali, favorendo l'inclusione economica, promuovendo la sovranità finanziaria e dando potere alle persone di tutto il mondo. La perturbazione dei sistemi finanziari convenzionali da parte della DeFi e l'emergere di Bitcoin come rivoluzione digitale evidenziano entrambi l'enorme potenziale di queste tecnologie. Possiamo superare gli ostacoli e realizzare il pieno potenziale di Bitcoin e DeFi abbracciando soluzioni di scalabilità, navigando nell'ambiente regolamentare e ponendo la sicurezza al primo posto. Possiamo apprezzare l'importanza di queste tecnologie nella rivoluzione della finanza e nel gettare le basi per un ecosistema finanziario più inclusivo, efficace ed autonomo comprendendo le principali idee sollevate in questa sezione.

La Significatività a Lungo Termine di Bitcoin e DeFi

Introducendo nuove opportunità per il trasferimento di valore, l'inclusione finanziaria e l'empowerment economico, Bitcoin e la Finanza Decentralizzata (DeFi) sono emerse come forze trasformative nel panorama finanziario. La significatività a lungo termine di Bitcoin e DeFi verrà discussa in questa sezione insieme a come potrebbero influenzare l'adozione istituzionale, le rimesse internazionali, la sovranità finanziaria e le tendenze finanziarie più generali. Possiamo apprezzare il potenziale trasformativo di queste tecnologie innovative e prevedere il futuro che stanno creando comprendendo i loro effetti a lungo termine.

Con la capacità di prendere il controllo dei loro asset, proteggere la loro privacy e partecipare all'economia globale secondo i loro termini, Bitcoin e DeFi danno alle persone un'impensabile sovranità finanziaria e un potere.

Le chiavi private nel modello di auto-custodia di Bitcoin conferiscono agli utenti completa proprietà e controllo sui loro asset digitali. Le persone possono proteggere la loro ricchezza e ridurre i rischi di controparte eliminando la necessità di intermediari. Questa auto-custodia consente alle persone di condurre affari liberamente, proteggere la loro privacy finanziaria e salvaguardare i loro asset da sequestri o censure.

La DeFi ha il potenziale per far avanzare l'inclusione finanziaria su scala globale perché si basa su protocolli aperti e senza permessi. Le persone delle regioni sottoservite possono ottenere accesso ai servizi finanziari utilizzando piattaforme decentralizzate, che eliminano le barriere tradizionali all'ingresso. Chiunque abbia una connessione internet può partecipare a prestiti, prestiti, scambi e investimenti attraverso la DeFi grazie alla sua natura senza confini, che promuove l'empowerment economico e riduce il divario di ricchezza.

Alti costi di transazione, tempi di elaborazione prolungati e limitata accessibilità sono tutti problemi per il settore delle rimesse convenzionali. Ottimizzando i trasferimenti internazionali e abbassando gli ostacoli alle transazioni transfrontaliere, Bitcoin e DeFi forniscono una soluzione rivoluzionaria.

Le transazioni senza confini sono rese possibili dalla natura decentralizzata di Bitcoin e dall'infrastruttura che non è centralizzata. Le persone possono inviare e ricevere denaro internazionalmente con poco costo e meno dipendenza da intermediari utilizzando stablecoin e scambi decentralizzati. Questa procedura semplificata dà potere sia alle persone che alle aziende, aprendo opportunità commerciali e promuovendo il commercio globale.

Le popolazioni non bancarizzate e sottobancarizzate hanno un modo alternativo per accedere ai servizi finanziari grazie ai protocolli di prestito e prestito peer-to-peer della DeFi. I protocolli DeFi eliminano la necessità di infrastrutture bancarie convenzionali collegando direttamente creditori e debitori. Le persone che sono state escluse dal sistema bancario formale ora hanno accesso al credito e al capitale, permettendo loro di avviare le proprie attività, finanziare l'istruzione dei loro figli o far fronte a esigenze finanziarie urgenti.

Il panorama finanziario tradizionale sta cambiando a causa dell'incremento dell'adozione istituzionale di Bitcoin e del potenziale disruptivo della DeFi, che sta accelerando l'adozione di asset digitali nella finanza tradizionale.

Bitcoin sta ora essere accettato dagli investitori istituzionali come un asset di investimento affidabile e un'alternativa all'inflazione. Bitcoin sta ricevendo finanziamenti significativi da società quotate in borsa, fondi di investimento e gestori patrimoniali che lo stanno incorporando nei loro portafogli come diversificazione e deposito di valore. Questa adozione istituzionale conferisce a Bitcoin legittimità e solidifica il suo status come asset comune.

Le istituzioni finanziarie tradizionali stanno prendendo nota degli strumenti finanziari programmabili e delle capacità di smart contract della DeFi. Le soluzioni DeFi sono più facilmente incorporate nei sistemi finanziari convenzionali grazie alle partnership emergenti tra protocolli DeFi e istituzioni finanziarie legacy. Questa combinazione di finanza tradizionale e DeFi ha il potenziale per migliorare l'efficienza, razionalizzare i processi e dare alle persone maggiore accesso a servizi e prodotti finanziari innovativi.

Nonostante le enormi opportunità offerte da Bitcoin e DeFi, ci sono ancora diverse sfide che devono essere risolte prima che il loro pieno potenziale possa essere compreso. Per i protocolli Bitcoin e DeFi, la scalabilità continua a essere un ostacolo significativo. Le tecnologie sottostanti blockchain devono scalare all'aumentare dell'adozione al fine di gestire il crescente volume di transazioni senza compromettere la sicurezza o la decentralizzazione. Per aumentare la scalabilità e migliorare l'esperienza utente, sono essenziali innovazioni nelle soluzioni di Livello 2, nello sharding e nei protocolli di interoperabilità.

L'ambiente normativo di DeFi e Bitcoin è ancora in fase di sviluppo. Per bilanciare innovazione, protezione degli investitori e stabilità sistemica, i quadri normativi devono essere trasparenti e flessibili. Per creare un ambiente che promuova l'innovazione responsabile riducendo i rischi, è cruciale la cooperazione tra i partecipanti del settore, i regolatori e i responsabili delle politiche.

La formazione e le iniziative di onboarding degli utenti devono essere prioritarie per comprendere la significatività a lungo termine di Bitcoin e DeFi. Aumentare la conoscenza delle persone sui vantaggi, i pericoli e gli usi concreti di queste tecnologie consentirà loro di navigare nel mutevole panorama finanziario e prendere decisioni sagge. L'adozione aumenterà e le esperienze degli utenti miglioreranno grazie a interfacce utente intuitive, design intuitivi e risorse educative.

Il futuro della finanza è rappresentato da Bitcoin e DeFi, che ridefiniscono i sistemi convenzionali, favoriscono l'autonomia finanziaria e promuovono l'empowerment economico su scala globale. Il potenziale di Bitcoin e DeFi nel trasformare il panorama finanziario, migliorare l'inclusione finanziaria, razionalizzare le rimesse internazionali, promuovere l'adozione istituzionale e integrarsi con la finanza convenzionale risiede nella loro significatività a lungo termine. Sbloccare il loro pieno potenziale dipenderà dall'affrontare le problematiche di scalabilità, navigare l'ambiente normativo e dare priorità all'onboarding e all'educazione degli utenti. Possiamo raggiungere un futuro in cui le persone hanno maggiore controllo sulla propria vita finanziaria, accesso ai mercati globali e maggiori opportunità economiche, portando infine a un ecosistema finanziario più inclusivo ed equo, cogliendo queste opportunità e superando gli ostacoli.

*Grazie per aver acquistato e letto/ascoltato il nostro libro. Se hai trovato
questo libro utile, ti preghiamo di dedicare alcuni minuti a lasciare una
recensione sulla piattaforma dove hai acquistato il nostro libro. Il tuo feedback è
molto importante per noi.*